Das Origami-Weihnachtsbuch

Martin Schulze

Das Origami-Weihnachtsbuch

Unter Mitarbeit von Vera Olbricht

Ravensburger Ratgeber
im Urania Verlag

6 Die Kunst des Papierfaltens
8 Papier zum Falten
9 Werkzeuge
10 Grundlagen des Faltens
12 Die Ordensform
14 Die Mühlenform
16 Die Zapfenform

18 Einfache Formen für die Advents- und Weihnachtszeit
20 Sterne
22 Weihnachtsbaum und Tannenzapfen
24 Engel
26 Kugelstern
28 Kopfformen
30 Nikolaus und andere Figuren

32 Komplexe Formen für die Advents- und Weihnachtszeit
34 Der Stern der Weisen
36 Sternenhimmel
38 Weihnachtspyramide
40 Kerzenhalter
42 Gestaltete Gesichter
45 Weihnachtskrippe
46 Krippenensemble
48 Adventsgesteck

50 Sonderformen und Gestaltungsbeispiele
52 Adventskalender
54 Kerzen
56 Schachteln
58 Karten und Umschläge
59 Gestaltungsbeispiele Zahlen für den Adventskalender
61 Gestaltungsbeispiele Gesichter
62 Gestaltungsbeispiele Weihnachtspapier

Die Kunst des Papierfaltens

Origami ist die aus Japan stammende Kunst, aus Papier Figuren, Pflanzen und Objekte zu falten. »Origami« bedeutet auf Japanisch »gefaltetes Papier« und leitet sich ab aus »ori« für falten und »kami« für Papier. Die Kunst des Papierfaltens ist sicherlich so alt wie das Papier selbst. Ursprünglich wurden Origami-Figuren als sinnbildliche Repräsentanten von Gottheiten bei religiösen Ritualen verwendet. Darüber hinaus spielte Origami eine wichtige Rolle in der Volkskunst, insbesondere als symbolträchtiger Verpackungsschmuck bei Feiern und zeremoniellen Anlässen. Im 18. Jahrhundert geriet die Faltkunst in Japan in Vergessenheit. In Deutschland begründete der thüringische Pädagoge Friedrich Fröbel 1840 den ersten Kindergarten. Zu seinem pädagogischen Programm gehörten auch Bastelspiele mit Papier, die manuelle und geistige Fähigkeiten der Kinder fördern. Dies war sozusagen die Entdeckung des Origami in Europa. Fröbel präsentierte seine Ideen auf der Pariser Weltausstellung und machte damit nicht nur seinen Kindergarten weltberühmt, sondern erweckte auch in Japan die Begeisterung für Origami wieder. Die uns heute bekannte Form entstand zu Beginn des 20. Jahrhunderts. In Europa verbreitete sich das fernöstliche Origami in zunehmendem Maße seit den frühen 60er-Jahren.

Dieses Buch wendet sich an Erwachsene und Kinder gleichermaßen, indem sich im Großen und Ganzen mit lediglich drei Grundformen einfache und komplexe, also zusammengesetzte, Figuren und Objekte für die Advents- und Weihnachtszeit herstellen lassen. Rasch entsteht ein Zapfen, dessen Form als Grundlage für einen Stern oder ein Adventsgesteck dient, ein Engel, der sich zu den Krippenfiguren Maria, Joseph und den Heiligen Drei Königen abwandeln lässt, sowie anderer Raum-, Baum- und Fensterschmuck.
Doch nicht nur Einzelformen, auch ganze Ensembles lassen sich aus den Grundformen fertigen. Zusammen ergeben sie ein Krippenensemble, eine Pyramide oder schmücken einen Adventskalender. Einige Sonderformen ergänzen das weihnachtliche Faltensemble, denn wer sich mit den Grundformen vertraut gemacht hat, wird Lust auf etwas Kniffligeres verspüren. Schönes Papier veredelt die Figuren. Bevor Sie aber mit edlen Bögen experimentieren, erproben Sie die Formen zunächst mit einfachem Papier.
Im Gegensatz zum »klassischen« Origami bestehen die Figuren und Objekte in diesem Buch oft aus zwei oder mehreren Teilen. Dadurch können geübte und weniger geübte Bastler gleichzeitig an einem Ensemble falten: Die einen schaffen die einfachen und die anderen die etwas anspruchsvolleren Formen.

Traditionsgemäß ist Origami eine besinnliche Kunst, die die Geschicklichkeit fördert. Beides Dinge, die gut in den christlichen Advent passen, wenn Erwachsene und Kinder Weihnachtsschmuck für die festliche Zeit fertigen. Lassen Sie sich von unseren Beispielen zu eigenen Varianten und Kreationen aus Papier verführen! Alles, was Sie dazu benötigen, ist Zeit, Papier und ein wenig Geschicklichkeit.

Papier zum Falten

Werkstoff Papier

Papier besteht aus Holzfasern, die von der Leimung, einer Art Klebstoff, zusammengehalten werden. Papiere können von Hand, wie geschöpft, oder maschinell gefertigt werden. Alle maschinell hergestellten Papiere haben eine Lauf- und eine Dehnrichtung. Bei der Herstellung der Papiere richten sich die Papierfasern in Laufrichtung aus. In diese Richtung lässt sich das Papier leichter reißen, falten oder biegen.

Biegt man Papier nur vorsichtig, geben die Fasern zunächst nach, gehen dann aber in ihre Ausgangsposition zurück. Wird das Papier jedoch geknickt, brechen die Fasern und verbleiben in ihrer neuen Position. Da Brüche nicht mehr rückgängig gemacht werden können, sollte beim Falten immer mit Umsicht vorgegangen werden. Darüber hinaus ist genaues Arbeiten, also genaues Falten, bei Origami auch wichtig, da unsauber gefaltete Figuren oder Objekte unschön aussehen.

Papierangebot

In Japan gibt es ein großes Angebot an unterschiedlichen Origamipapieren. Diese speziellen Papiere sind einfarbig, zweifarbig, gemustert oder nur auf einer Seite gefärbt und in verschiedenen Stärken sowie Größen, als große und kleine Bögen, erhältlich. Doch keine Bange: Um echtes japanisches Origamipapier zu bekommen, müssen Sie nicht nach Japan reisen. Die meisten gut sortierten Schreibwaren- und Hobbyfachgeschäfte führen es in ihrem Sortiment.

Die Figuren und Objekte in diesem Buch lassen sich im Grunde jedoch aus jeder Art Papier falten. Dieses kann einfarbig oder bedruckt sein, eine raue oder glatte Oberfläche haben. Sie können Schreibmaschinen- und Packpapier ebenso wie Geschenk-, Bastel- oder Zeitungspapier verwenden. Greifen Sie zu dem Papier, das Ihnen am besten gefällt. Sie sollten nur darauf achten, dass es streichfest ist, damit das Papier beim Falten nicht reißt, sich dehnt oder wellt. Zum Üben eignet sich Schreibmaschinen- oder Computerpapier.

In Hobbyfachgeschäften gibt es darüber hinaus bereits zu handlichen Quadraten zugeschnittenes buntes Papier für Origami. Als Geschenkpapier ist Holografiefolie erhältlich, mit der insbesondere bei Sternen oder Schachteln glanzvolle Effekte erzielt werden können, da sie je nach Lichteinfall das Aussehen des Faltobjekts verändert.
Metallfolie, ein weiteres Faltmaterial, erstrahlt auch im weihnachtlichen Glanz. Sie ist in mehreren Farben erhältlich, auch zweifarbig eingefärbt. Die Folien müssen zum Falten mit Papier kaschiert sein. Gehen Sie dabei wie folgt vor: Besprühen Sie in einem gut belüfteten Raum die Folienrückseite mit Sprühkleber und drücken Sie dann, an einer Seite beginnend, mit einer Gummirolle die Folie fest auf das Papier. Dabei dürfen sich weder Blasen noch Falten bilden.

Tipps:

- Kaschieren Sie etwas größer bemessene Bögen aufeinander, aus denen sich der Faltbogen ausschneiden lässt.
- Kopieren Sie die kleinteiligen Muster (s. Seite 62/63) auf einfarbiges Papier, um gemusterte Papiere zu erhalten.

Weitere Möglichkeiten

Beim Experimentieren mit verschiedenen Papieren lernen Sie am besten ihre Eigenschaften kennen, denn je nach Dicke und Struktur des verwendeten Materials können sich die Falteigenschaften verändern. Dies kann auch durch Bekleben mit Klebebildern, Bemalen und Beschriften geschehen.
Im Anhang des Buches finden Sie Gestaltungsbeispiele für die Köpfe des Engels, der Maria und des Josef sowie der Heiligen Drei Könige.
Für einen »individuellen Gesichtsausdruck« zeichnen, kopieren oder scannen und drucken Sie diese auf das Faltpapier und falten Sie es gemäß der Anleitung. Sie können analog zu den vorgestellten Beispielen auch eigene »Gesichter« kreieren.

Papierfiguren sind erfahrungsgemäß recht empfindlich und keineswegs für die Ewigkeit gedacht. Mehr Stabilität bekommen die Figuren durch Besprühen mit Sprühlack oder Fixierspray.
Aufgepasst: Sprühlack oder Fixierspray nur in gut belüfteten Räumen verwenden und am besten eine Atemmaske tragen.

Werkzeuge

Zum Zuschneiden der Papiere benötigen Sie ein Lineal mit Maßangabe, einen weichen Bleistift, einen Radiergummi, falls ein Strich mal daneben geht, und eine Schere.
Gefalzt wird mit dem Daumennagel, einem Lineal oder einem speziellen Werkzeug, dem Falzbein. Mit diesem können Sie gegebenenfalls auch geschnittene Kanten glätten.
Aufgepasst: Üben Sie weder mit dem Fingernagel noch mit dem Lineal zu starken Druck aus, da Sie sonst die Papierfarbe an der Faltkante abreiben könnten.
Komplexe zusammengesteckte Figuren oder Arrangements können mit etwas Alleskleber, der farblos und fleckfrei auftrocknet, fixiert werden.

Einfache Regeln für den Erfolg

- Testen Sie die Form zuerst mit einfachem Papier.
- Schneiden Sie das Papier gemäß den Angaben zu. Achten Sie darauf, dass es exakt rechtwinklig, in der Regel exakt quadratisch, ist.
- Falten Sie auf einer festen, glatten und sauberen Unterlage, damit Sie jede Faltung genau ausführen können.
- Führen Sie die Faltschritte sorgfältig in der vorgegebenen Reihenfolge aus.
- Führen Sie alle Falten und Knicke genau aus. Legen Sie hierfür die Kanten immer exakt um.
- Ziehen Sie die Falten und Knicke mit dem Daumennagel, einem Lineal oder dem Falzbein nach. Farbiges Papier sollte am besten mit einem Falzbein gefalzt werden, da sich sonst die Farbe abreibt oder Riefen sichtbar bleiben.

Grundlagen des Faltens

Zwei Dinge sind wichtig beim Falten: Eine flache Oberfläche und Sorgfalt, denn die meisten Faltungen gelingen auf einem Tisch am besten.
Die Faltanleitungen zu den einzelnen Origamimodellen ermöglichen es, diese einfach nachzufalten. Hier diejenigen, die für das Falten der Figuren und Objekte in diesem Buch wichtig sind.
Die Modelle im Buch werden in den Anleitungsschritten so dargestellt, als hätte das Papier eine graue und eine weiße Seite. Die graue Seite kennzeichnet immer die Rückseite des Papiers.
Nehmen Sie sich ausreichend Zeit und falten Sie langsam, sorgfältig und präzise.

Bergfalte
Als Bergfalte bezeichnet man die hochstehenden Faltkanten, sozusagen die »Berge«. Das Papier wird nach unten gefaltet.
Kennzeichnung in den Anleitungen: —·—·—·—

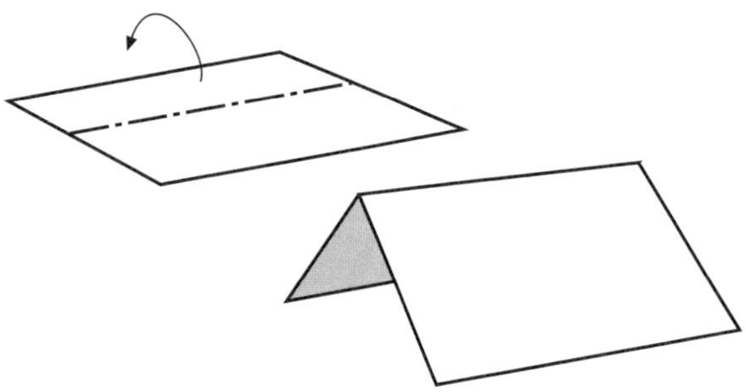

Talfalte
Als Talfalte bezeichnet man die tiefliegenden Faltbrüche, sozusagen die »Täler«. Das Papier wird nach oben gefaltet.
Kennzeichnung in den Anleitungen: — — — — —

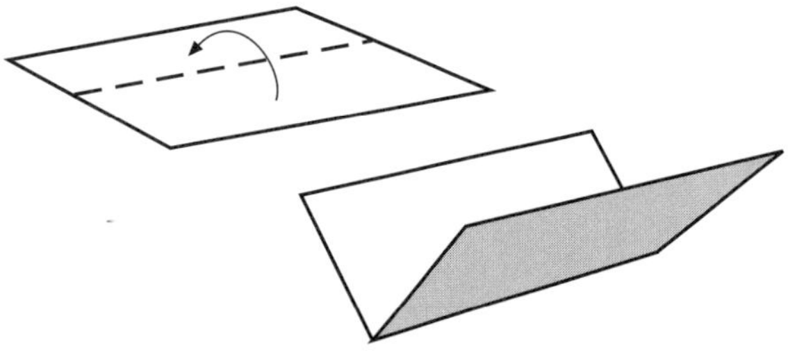

Zusammen- und Auseinanderfalten
Das Papier wird gefaltet, der Bruch fest geknickt und das Ganze wieder in die Ausgangsposition zurückgefaltet. Die entstandene Falte wird dann kenntlich gemacht.
Kennzeichnung in den Anleitungen: — — — — —

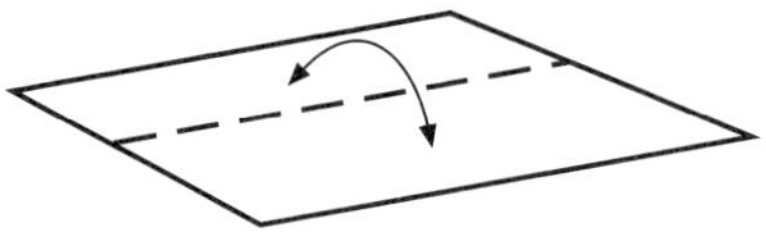

Wenden
Die Rückseite des Papiers kommt nach oben, d. h., die Vorderseite liegt nach dem Wenden »unten«. Die Rückseite des Papiers wird durch eine graue Einfärbung kenntlich gemacht. Die gepunktete Linie zeigt an, was man durch die Oberfläche hindurch sehen könnte.
Kennzeichnung in den Anleitungen: ....

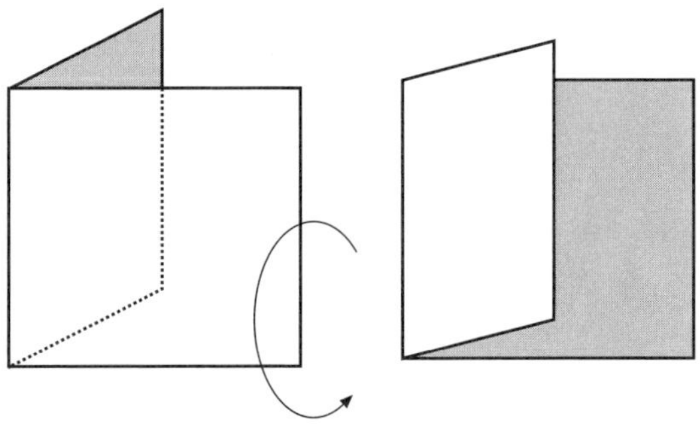

Drehen
Beim Drehen wird das Papier nur auf der Unterlage liegend gedreht. Dies wird durch zwei kreisförmige Pfeile ausgedrückt.

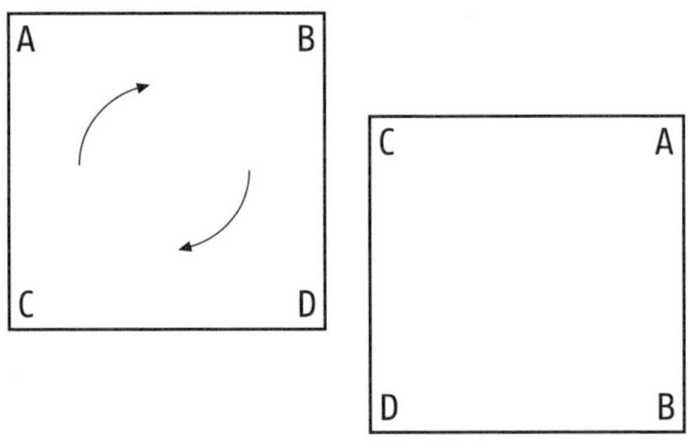

Hineinstecken

Beim Hineinstecken wird ein gefaltetes Papierstück in ein anderes, gefaltetes Stück gesteckt.

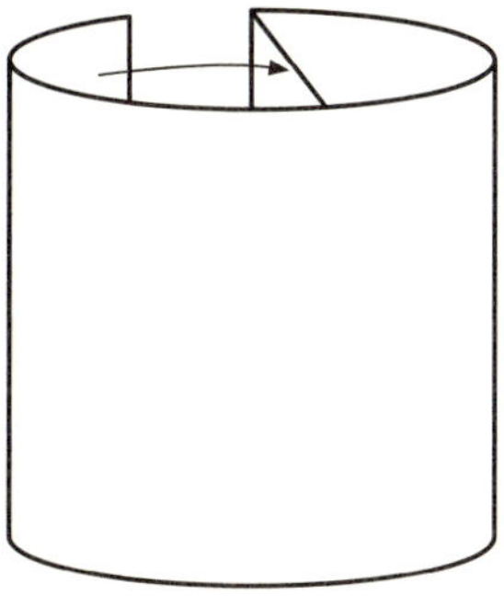

Mühlenform

Schneiden

Soll das Papier ein- oder abgeschnitten werden, wird dies durch eine Schere angezeigt.

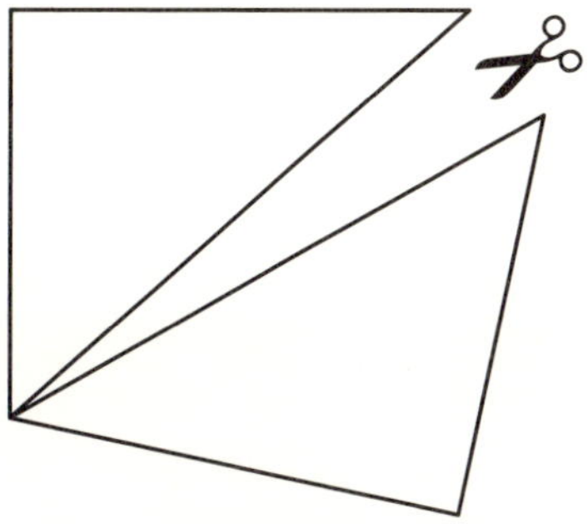

Ordensform

Zapfenform

Die Ordensform

Die Ordensform ist eine einfache Grundform, aus der sich unterschiedliche Modelle falten und zusammenfügen lassen.

Verwendung
Grundform Köpfe (Schritte 1.–6.), Krippe

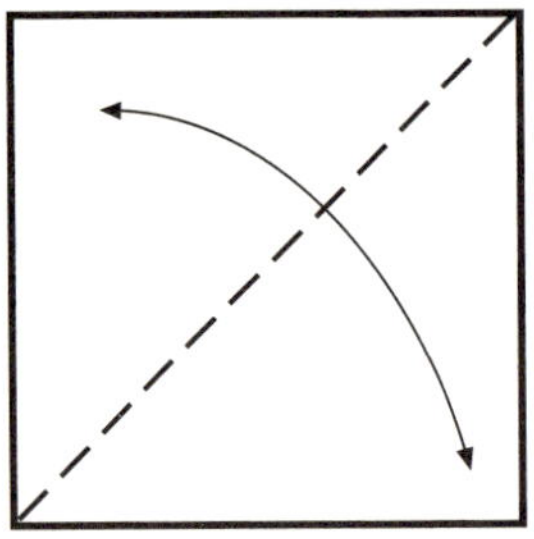

1. Die linke obere Ecke in einer Talfalte auf die rechte untere falten und wieder entfalten.

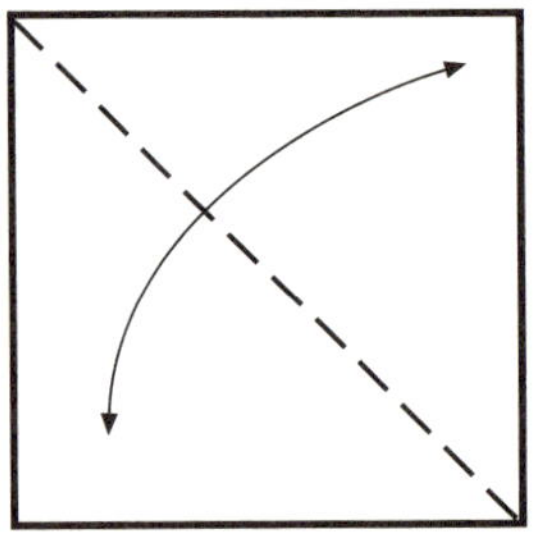

2. Die linke untere Ecke in einer Talfalte auf die rechte obere falten und wieder entfalten.

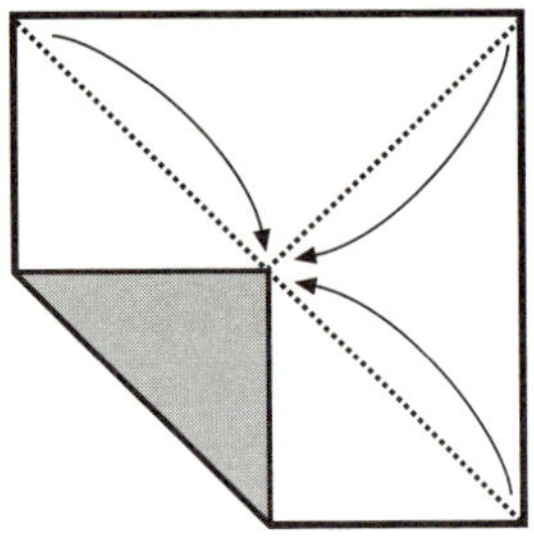

3. Alle vier Ecken zur Mitte falten, das Papier wenden.

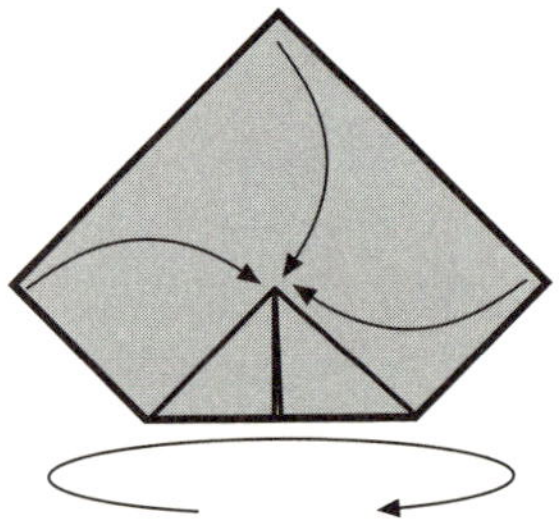

4. Alle vier Ecken ein zweites Mal zur Mitte falten und das Papier erneut wenden.

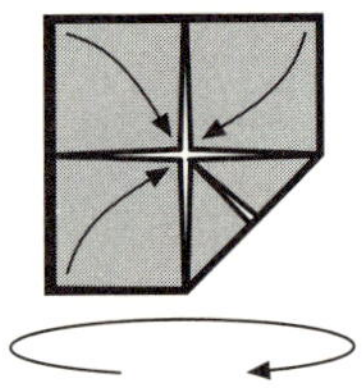

5. Alle vier Ecken erneut zur Mitte falten und das Papier wenden.

6. Die innen liegenden Spitzen hochklappen und nach außen falten.

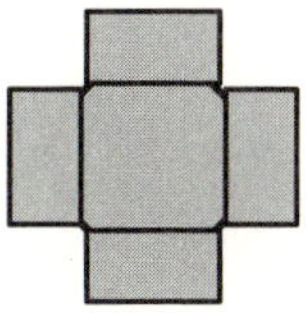

Die Mühlenform

Die Mühlenform ist eine einfache Grundform, aus der sich unterschiedliche Modelle falten und zusammenfügen lassen.

Verwendung
Grundfläche Kugelstern,
Grundfläche Pyramide,
Sternenhimmel

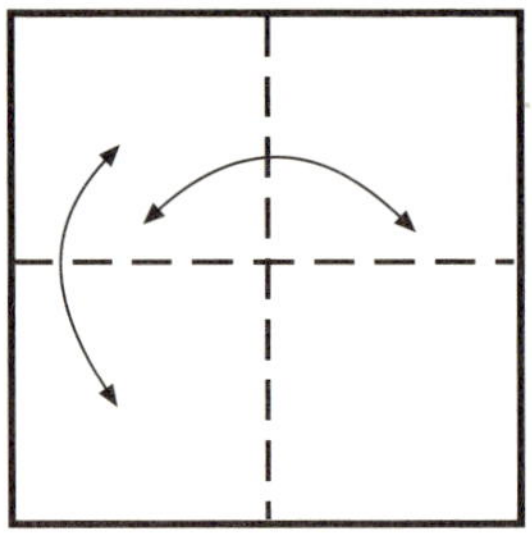

1. Erst die eine Hälfte und dann die andere in einer Talfalte aufeinander legen, falten und entfalten.

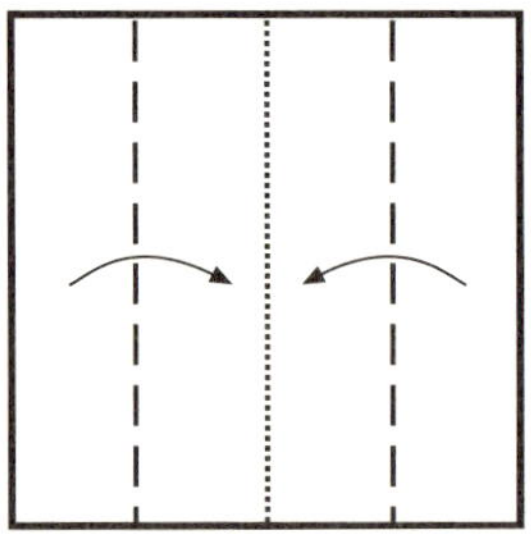

2. Die beiden äußeren Kanten in Talfalten zur Mitte legen und falten. Das Papier um 90° drehen.

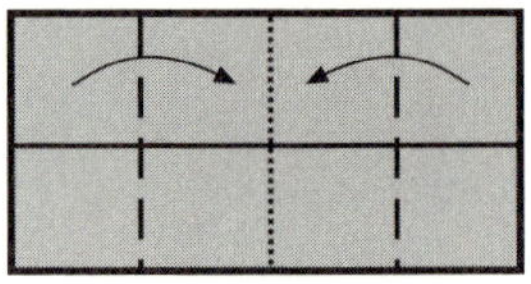

3. Die beiden schmalen Seiten in Talfalten zur Mitte legen und falten. Das Papier um 90° drehen.

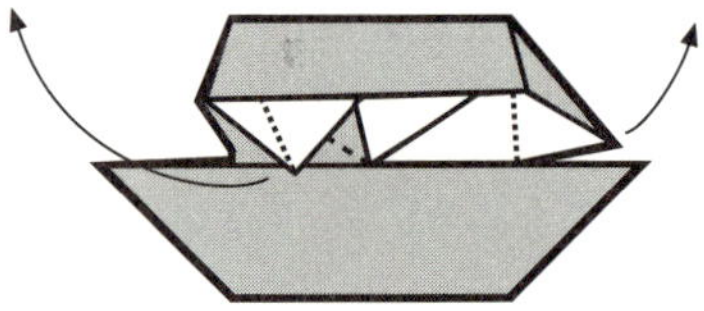

4. Die inneren unteren Ecken anheben, nach außen ziehen und falten.

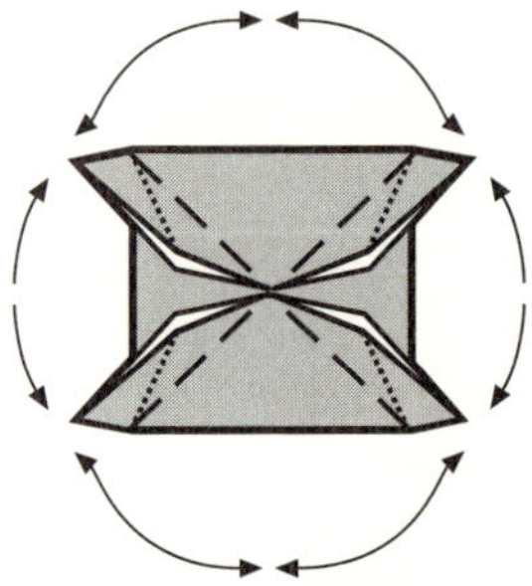

5. Die seitlichen Dreiecke hochklappen, zur senkrechten Mittellinie falten und entfalten.

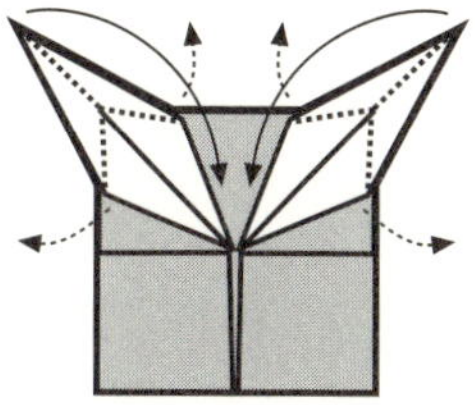

6. Die äußeren Spitzen anheben und nach innen zu einem Quadrat zusammenführen.

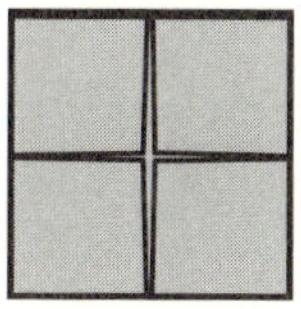

Die Zapfenform

Die Zapfenform ist eine etwas anspruchsvollere Grundform, aus der sich unterschiedliche Modelle falten und zusammenfügen lassen.

Verwendung
Sterne, Kerzenhalter, Zapfen, Weihnachtsbaum, Pyramide, Palme
Grundform Körper (Schritte 1.–10.)

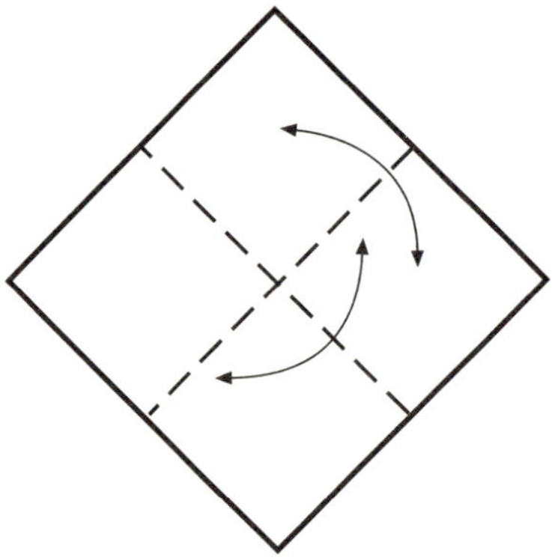

1. Erst die eine Hälfte und dann die andere in einer Talfalte aufeinander legen, falten und entfalten.

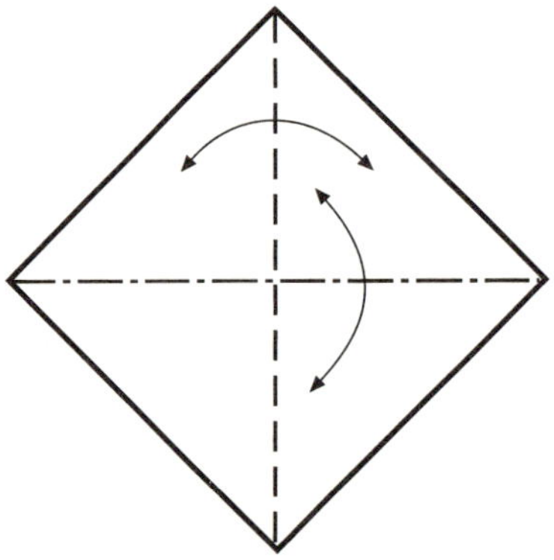

2. Dann die obere Ecke in einer Talfalte auf die untere falten und entfalten und die linke in einer Bergfalte auf die rechte Ecke falten und entfalten.

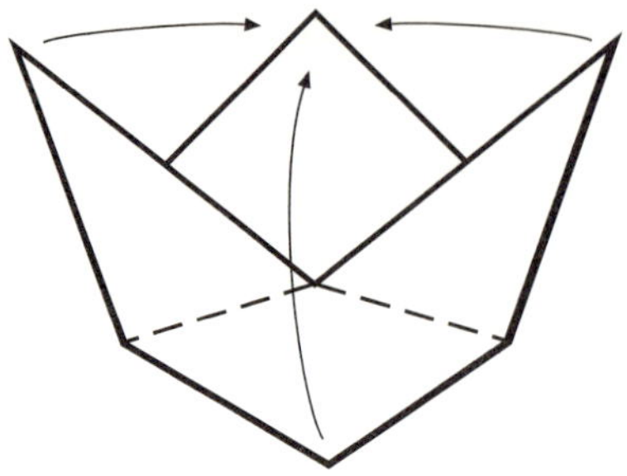

3. Die diagonalen Falten von rechts und links in der Mitte zusammenführen und das dadurch entstehende Quadrat zusammenlegen. Die Öffnung zeigt nach oben.

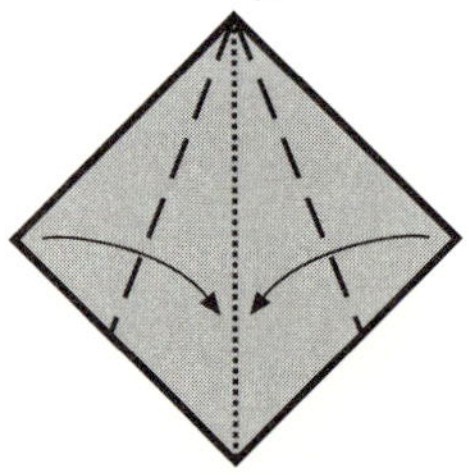

4. Die beiden seitlichen Spitzen der oberen Lage des Quadrats nach innen zur Mitte falten. Das Papier wenden und wiederum die freien Spitzen des Quadrats nach innen zur Mitte falten.

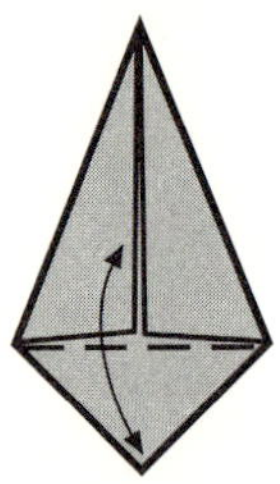

5. Die untere Spitze in einer Talfalte nach oben falten und entfalten. Die seitlichen Spitzen ebenso entfalten.

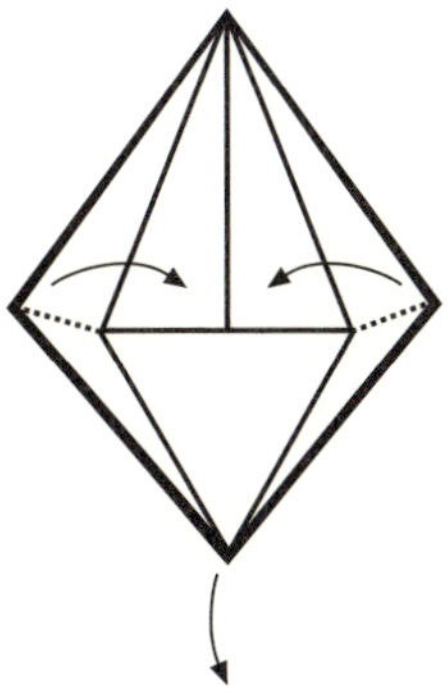

6. Die obere Ecke der oberen Lage auffalten und nach unten führen, dabei die seitlichen Kanten nach innen zu einer Drachenform zusammenführen.

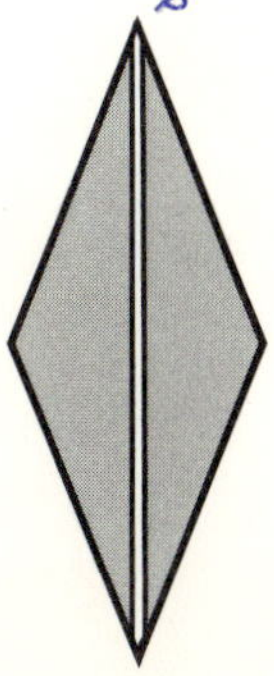

7. Das Papier wenden und die seitlichen Spitzen entfalten. Wiederum die obere Ecke der oberen Lage auffalten und nach unten führen, dabei die seitlichen Kanten nach innen zu einer Drachenform zusammenführen.

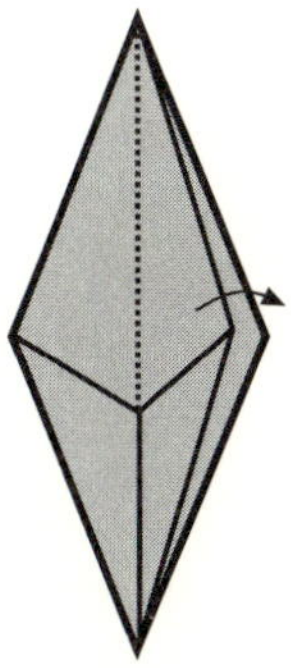

8. Die linke seitliche Spitze auf die rechte seitliche Spitze falten.

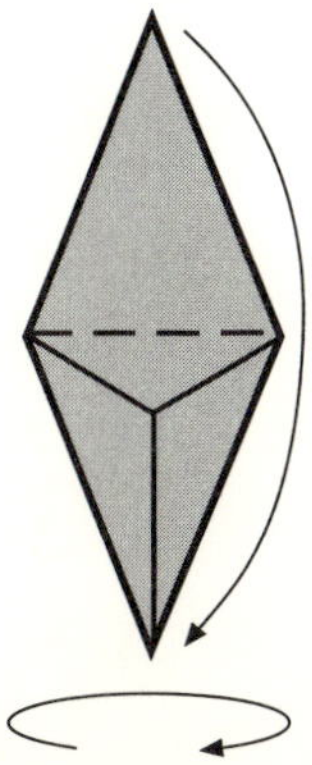

9. Die obere Spitze auf die untere Spitze falten. Das Papier wenden.

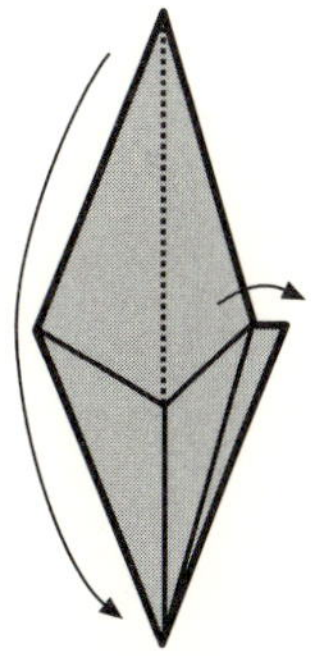

10. Die linke seitliche Spitze nach rechts falten und wiederum die obere Spitze auf die untere falten.

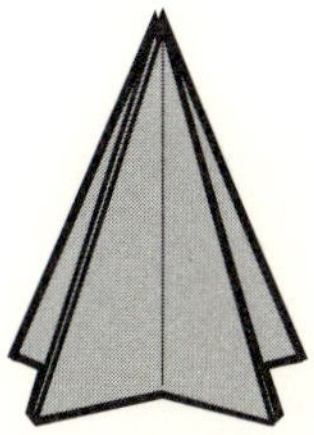

Einfache Formen für die Advents- und Weihnachtszeit

Sterne

Bei klirrender Kälte und klarem Himmel ist das Himmelsfirmament in der dunklen Jahreszeit gut zu erkennen. Die Sterne können wir uns jedoch auch in die wohlige Wärme unseres Heims holen. Gleich, ob am Fenster oder an einer Tür, an einem Adventsstrauß oder gar am Weihnachtsbaum, Sterne sind ein Symbol des unendlichen Universums.

Material
Papierformat: Quadrat

Grundform
Zapfenform → S. 16

Flacher Stern

1.–10. Falten Sie das Papier zunächst in die Zapfenform. Legen Sie das Papier mit den Spitzen nach oben.

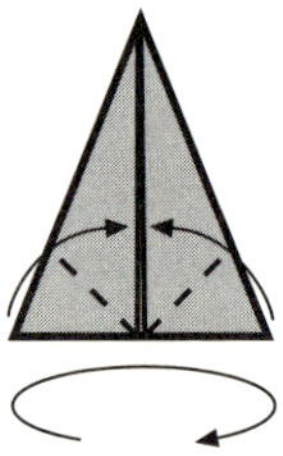

11. Die linke und rechte obere seitliche Ecke zur Mitte falten. Das Papier wenden.

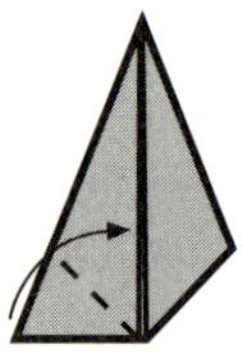

12. Wiederum die linke und rechte obere seitliche Ecke zur Mitte falten.

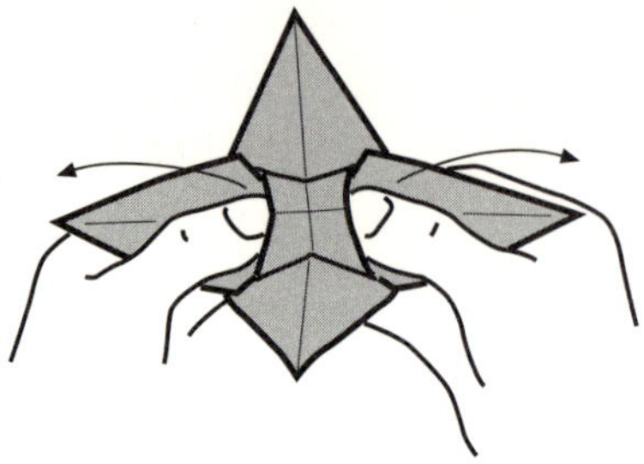

13. Die Form in beide Hände nehmen, rechts und links mit den Daumen nach innen greifen, dabei die außen liegenden rechten und linken Spitzen gut festhalten. Die Form behutsam und langsam nach außen ziehen, bis in der Mitte eine quadratische Form entsteht. Die Falten feststreichen.

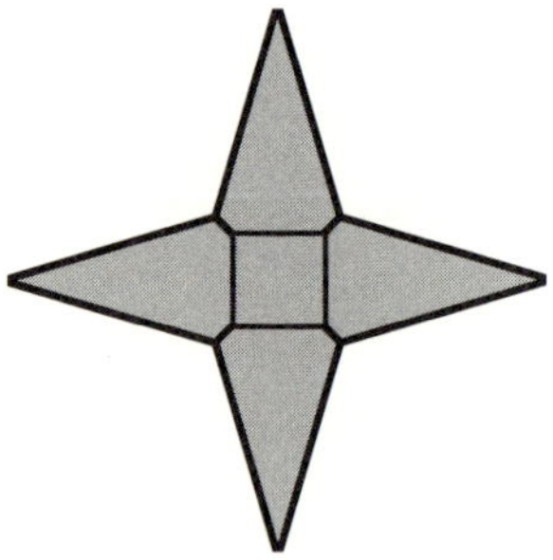

Gewölbter Stern

1.–13. Falten Sie das Papier zunächst wie den flachen Stern.

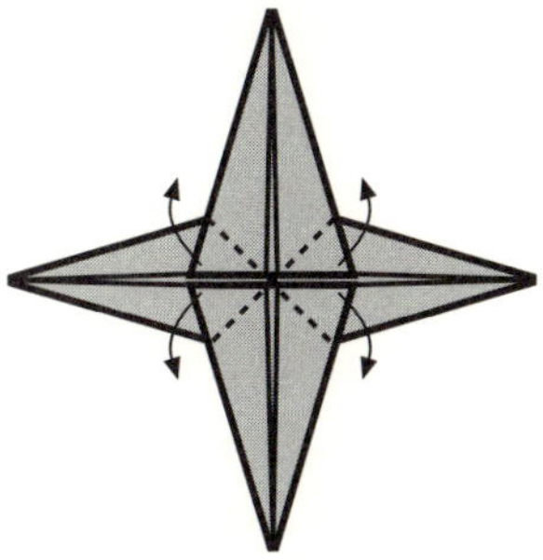

14. Das Papier wenden. Die rechten und linken Ecken zur Mitte falten und dann senkrecht aufstellen.

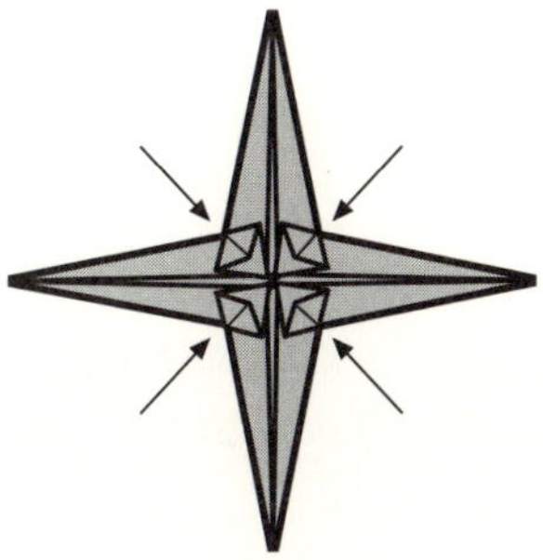

15. Die aufgestellten Ecken öffnen und flachdrücken.

16. Die flachgedrückten Ecken zusammenführen.

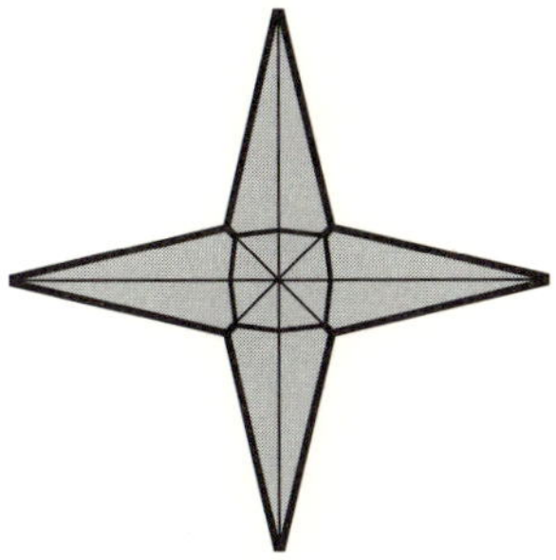

Tipps:

- Der flache Stern kann mit einem Faden am Fenster, an einem Zweig oder am Weihnachtsbaum aufgehängt werden.
- Wird der flache Stern aus Transparentpapier gefertigt, scheint am Fenster das Tages- und am Weihnachtsbaum das Kerzenlicht hindurch.
- Werden zwei flache Sterne mit den Rückseiten ineinander gesteckt, entsteht ein Doppelstern. Die Sterne können auch mit Klebstoff zusammengeklebt werden.
- Der gewölbte Stern kann auf der Rückseite an den zusammengeführten Ecken verklebt und ebenso wie der flache Stern aufgehängt werden.
- Der gewölbte Stern dient als Spitze der Palme und der Pyramide.
- Für einen Sternenstab falten Sie einen gewölbten Stern, kleben diesen an einen dünnen Holzstab und stecken ihn durch einen Arm der Figur.

Weihnachtsbaum und Tannenzapfen

Vorläufer des Weihnachtsbaums ist das Wintergrün, mit dem das Haus geschmückt wurde. Immergrüne Bäume und Zweige waren bereits in vorchristlicher Zeit ein Zeichen der Hoffnung, dass die Natur wieder erwacht und die Sonne wieder scheint. Des Weiteren sollte die Lebenskraft der immergrünen Pflanzen die Dämonen verscheuchen und gute Geister beherbergen. Dieser Glaube findet sich im Mittelalter wieder. Der Weihnachtsbaum mit seinem Schmuck wurde jedoch erst Ende des 19. Jahrhunderts gebräuchlich.

■ **Material**
Papierformat: Quadrat

■ **Grundform**
Zapfenform

Tannenzapfen

1.–10. Falten Sie das Papier zunächst in die Zapfenform. Legen Sie das Papier mit den Spitzen nach oben.

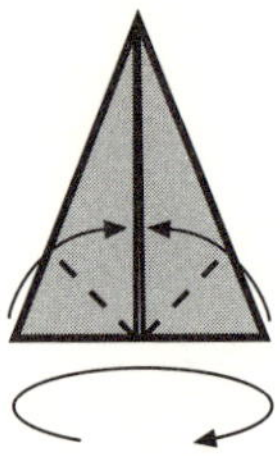

11. Die linke und rechte seitliche Ecke zur Mitte falten. Das Papier wenden.

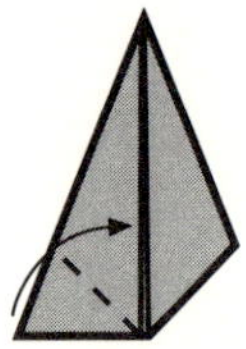

12. Wiederum die linke und rechte seitliche Ecke zur Mitte falten.

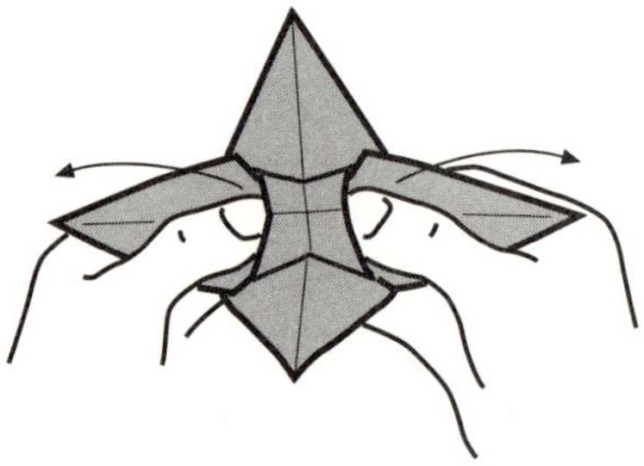

13. Die Form in beide Hände nehmen, rechts und links mit den Daumen nach innen greifen, dabei die außen liegenden rechten und linken Spitzen gut festhalten. Die Form behutsam und langsam nach außen ziehen, bis in der Mitte eine quadratische Form entsteht. Die Falten feststreichen.

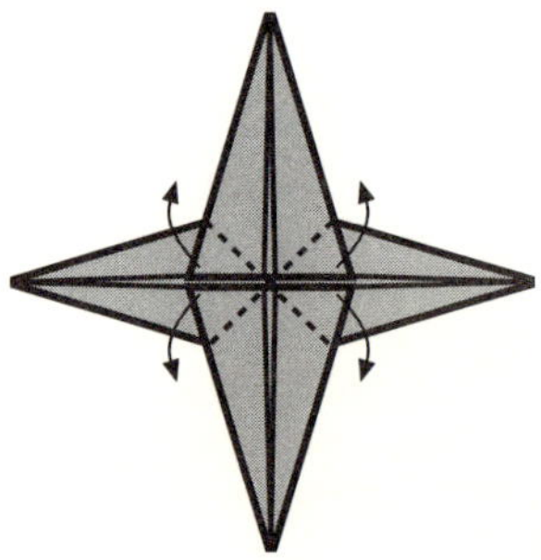

14. Das Papier wenden. Die rechten und linken Ecken zur Mitte falten und dann senkrecht aufstellen.

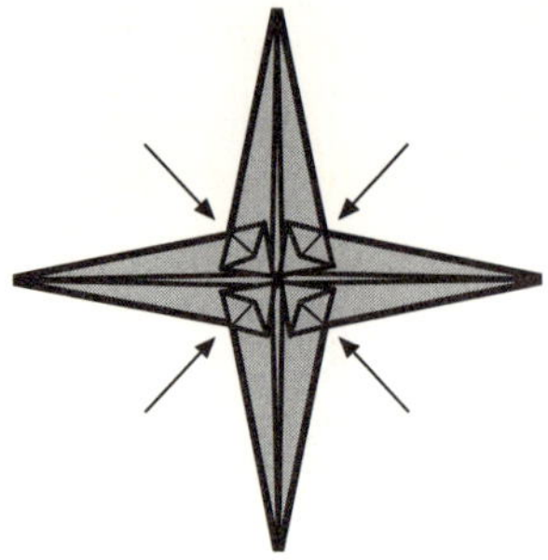

15. Die aufgestellten Ecken öffnen und flachdrücken.

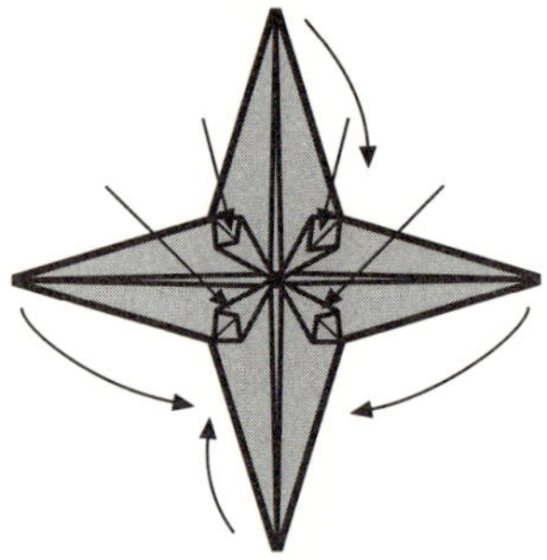

16. Die Papierspitzen zusammenführen. Die Spitzen nach unten hängen lassen und verkleben.

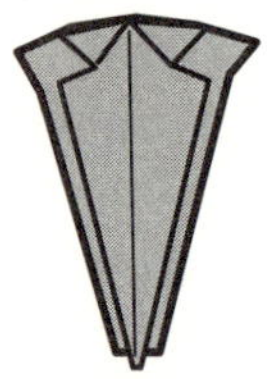

Weihnachtsbaum

Falten Sie das Papier in die Zapfenform und stellen Sie die Form auf.

Engel

Die Vorstellung, dass Engel zwischen Göttern und Sterblichen vermitteln, ist Teil nicht nur der christlichen, sondern beinahe aller traditionellen Glaubenssysteme. Engel, davon geht man aus, sind von einer göttlichen Macht geschaffen, um das Licht der Schöpfung weiterzutragen. Sie können in allen Lebenslagen um Hilfe gebeten werden.

Material
Papierformat: Quadrat

Grundformen
Ordensform
Zapfenform

Formen
Kopf (s. Seiten 28/29 und 42/43)
Flügel (s. Seite 30)

Hängender Engel

1.–5. Falten Sie das Papier bis Schritt 5 zunächst in die Ordensform.

6. Zwei nebeneinander liegende innere Spitzen hochklappen und nach außen falten.

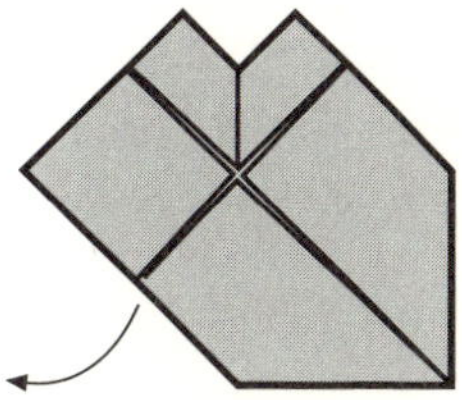

7. Die untere, die rechte und linke Ecke sowie die beiden unteren Ecken auffalten.

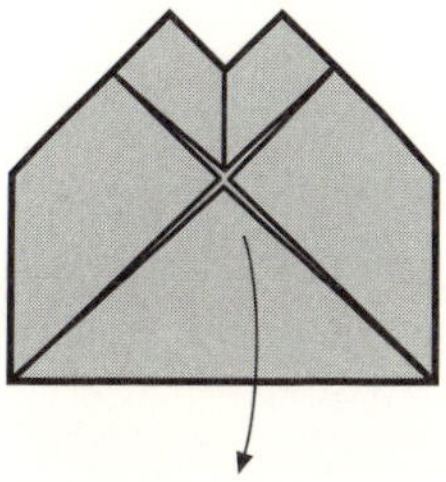

8. Die untere Ecke auffalten.

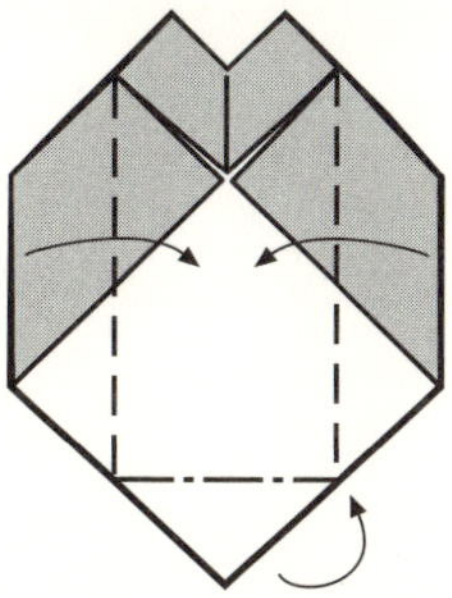

9. Die rechte und die linke Kante zur Mitte falten und die untere Ecke nach hinten falten.

10. Die oberen Ecken öffnen und nach innen falten.

Standengel – Grundform Körper

1.–10. Falten Sie das Papier zunächst in die Zapfenform.

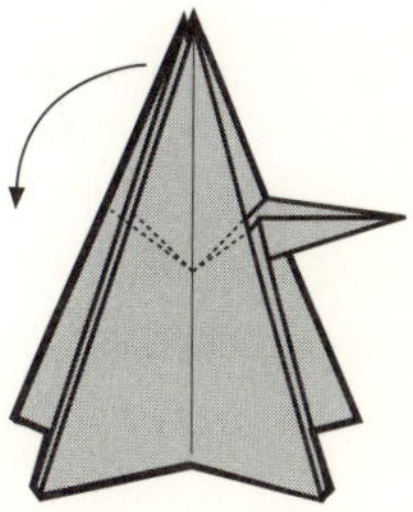

11. Die Form aufstellen und zwei gegenüberliegende Spitzen im oberen Drittel nach außen falten. Dabei die Kanten in Talfalten falten.

Montage

Den Kopf mit Klebstoff anbringen, die Flügel in die Armöffnungen stecken und verkleben.

Kugelstern

Kugelsterne zählen in der Astronomie zu den Sternenhaufen, also einer Ansammlung nahezu gleichzeitig aus einer Sternenwolke entstandener Sterne, die beinahe sphärisch um das Milchstraßenzentrum verteilt sind.
Dieser Kugelstern aus Papier entsteht ebenso aus gleichförmigen Sternen, die zu einer Kugel zusammengesteckt eine neue Sternenformation ergeben.

Material

6 Papierformate Quadrat
6 gewölbte Sterne
(s. Seite 21)

Grundform

Mühlenform

Flächiger Stern

1.–6. Falten Sie das Papier zunächst in die Mühlenform.

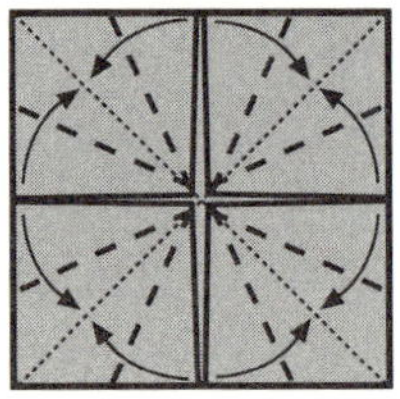

7. Die freien Ecken der Quadrate vom Mittelpunkt des Quadrats zur Mitte falten und senkrecht stellen.

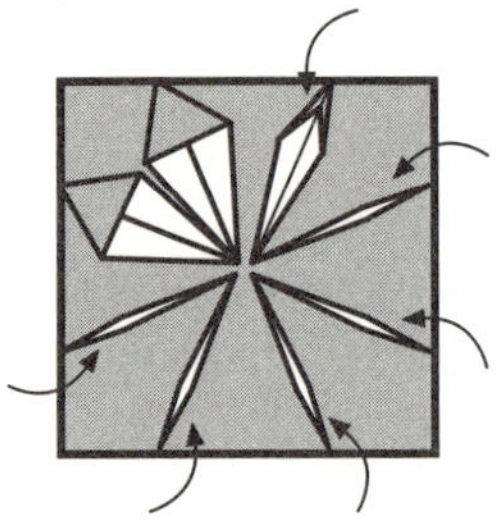

8. Die aufgestellten Ecken öffnen und flach drücken.

9. Die äußeren Ecken nach hinten falten.

Montage

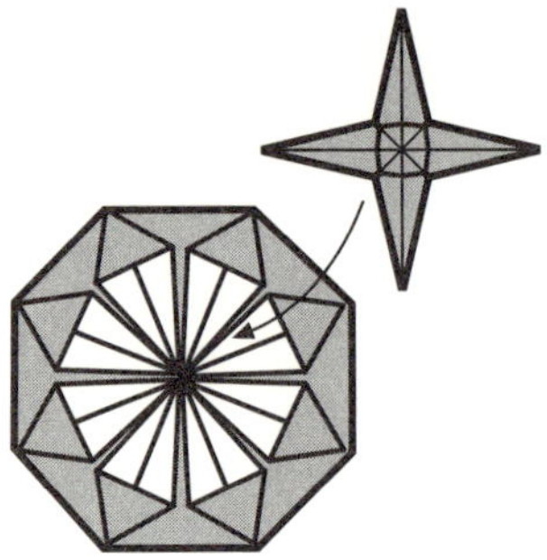

10. Den gewölbten Stern in die Mitte des flachen Sterns stecken oder kleben.

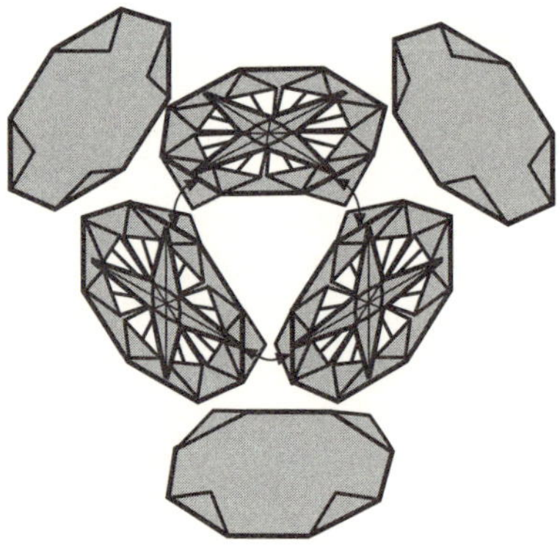

11. 6 flache Sterne an den äußeren, umgefalteten Ecken zu einem Kugelstern zusammenkleben.

Kopfformen

Die gefalteten weihnachtlichen Figuren können durch geringfügige Veränderungen der Köpfe und Aufkopieren von Augen, Nase und Mund etwas individuellere Züge bekommen.

■ **Material**
Papierformat: Quadrat
(für Josef etwas kleiner)

■ **Grundform**
Ordensform
Gestaltungsbeispiele (s. Seite 61)

Maria
1.-5. Falten Sie das Papier zunächst in die Ordensform.

6. Die obere Ecke von hinten hervorklappen.

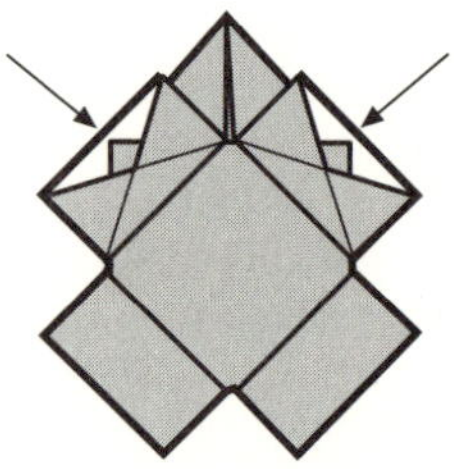

7. Die oberen Spitzen in Form biegen.

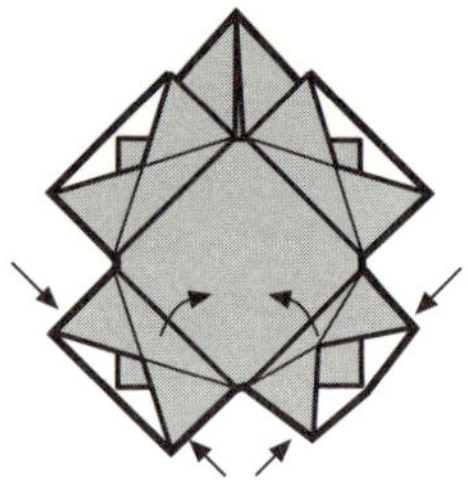

8. Die beiden unteren Spitzen hochziehen und von den Seiten nach innen klappen.

9. Die unteren Spitzen nach unten falten.

Josef
1.-5. Falten Sie das Papier zunächst in die Ordensform, das Papier nicht wenden!

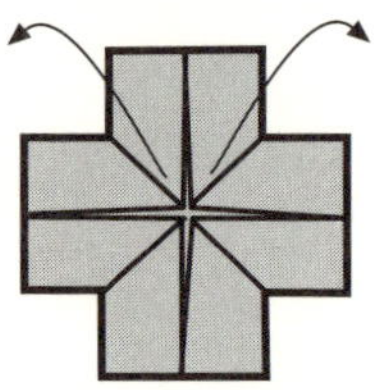

6. Die zwei oberen Ecken nach hinten falten.

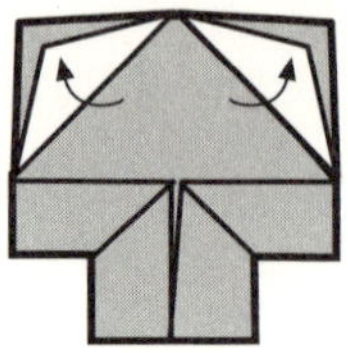

7. Die nun vorn liegenden oberen Ecken leicht nach oben biegen.

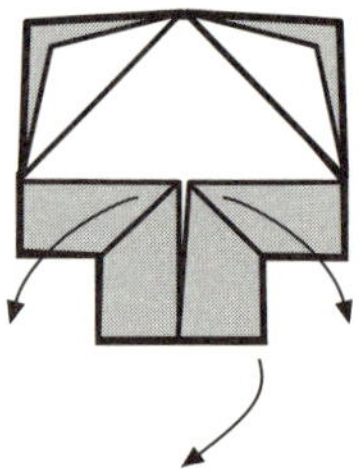

8. Die beiden unteren Ecken auf- und die hintere Ecke hervorklappen.

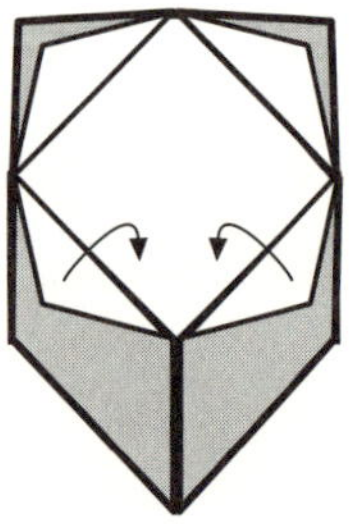

9. Die beiden oben liegenden Ecken nach innen falten.

Melchior

1.– 5. Falten Sie das Papier zunächst in die Ordensform.

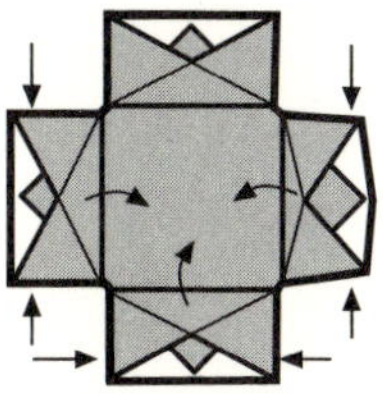

6. Drei Spitzen hochziehen und von den Seiten nach innen klappen.

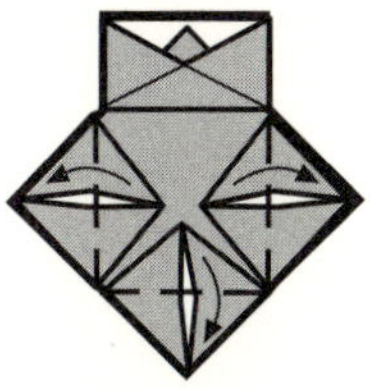

7. Die drei Spitzen nach außen falten.

Balthasar

1.– 5. Falten Sie das Papier zunächst in die Ordensform.

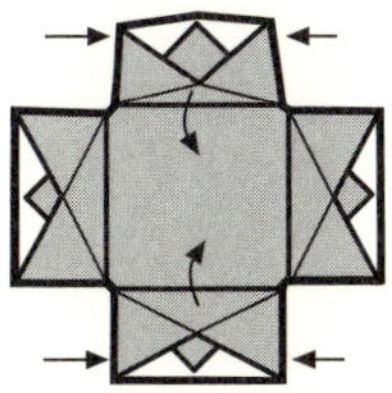

6. Die obere und untere Spitze hochziehen und nach innen klappen.

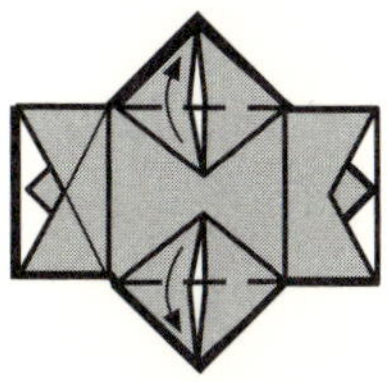

7. Die obere und untere Spitze nach außen falten.

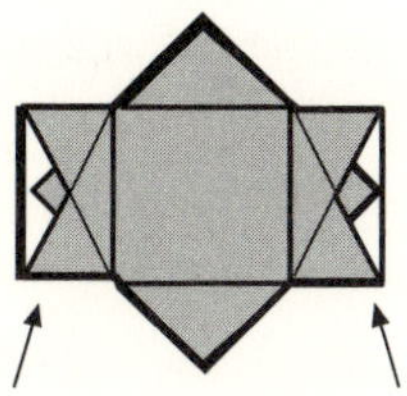

8. Die unteren Ecken der seitlichen Spitzen nach innen falten.

Tipp:

- Die Gesichtszüge lassen sich mit den Gestaltungsbeispielen (s. Seite 61; s. auch Seite 9) kreieren.

Kaspar

1.– 5. Falten Sie das Papier zunächst in die Ordensform.

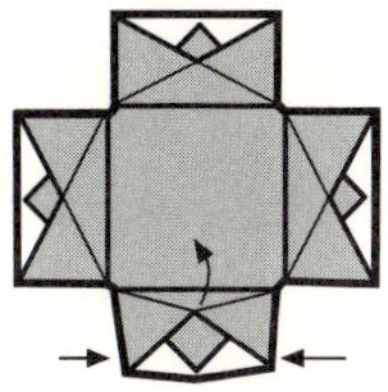

6. Drei untere Spitzen hochziehen und nach innen klappen.

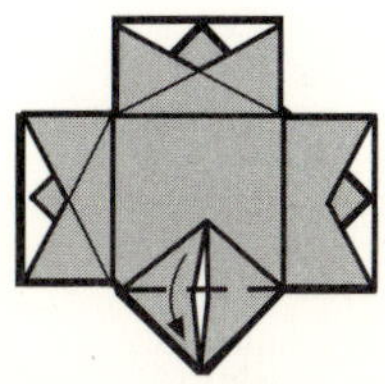

7. Die Spitze nach unten falten.

Nikolaus und andere Figuren

Der weißbärtige Mann im pelzbesetzten roten Mantel mit Mütze und einem Gabensack geht auf den Bischof Nikolaus von Myra zurück. Dem Nikolaus wird, beim Einkehrbrauch ab dem 18. Jahrhundert am Nikolaustag, an dem die Kinder geprüft und anschließend entweder belohnt oder bestraft werden, der Knecht Ruprecht als Begleiter zur Seite gestellt. Der Einlegebrauch dagegen, bei dem der Nikolaus seine Gaben in die bereitgestellten Schuhe der Kinder legt, ist bereits seit Beginn des 16. Jahrhunderts bekannt.

Im 19. Jahrhundert änderte sich das Nikolaus-Brauchtum: Die Züge des Kinderschrecks Ruprecht und des Kinderfreunds Nikolaus wurden in der Figur des Weihnachtsmanns vereint.

■ **Material**
Papierformat: Quadrat

■ **Grundform**
Zapfenform

■ **Form**
Kopf (s. Seiten 28/29 und 42/43)

Nikolaus

1.–10. Falten Sie das Papier in die Zapfenform und stellen Sie die Form auf. Den gestalteten Kopf ankleben.

Arme der Figuren

1.–5. Für die Figuren, Maria und Josef, die Heiligen Drei Könige, die Engel und den Nikolaus, falten Sie das Papier in die Zapfenform.

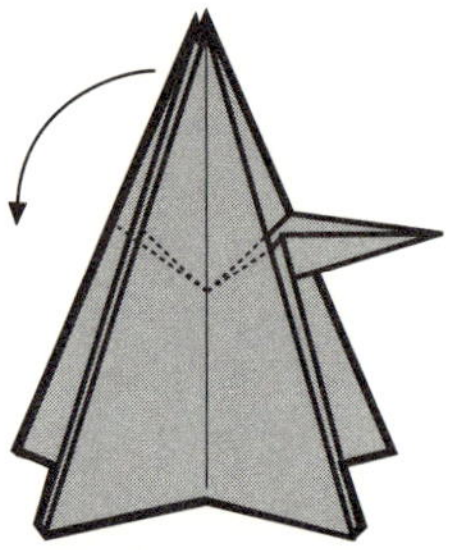

6. Die Form aufstellen und zwei gegenüberliegende Spitzen im oberen Drittel nach außen falten. Dabei die Kanten in Talfalten falten.

Flügel der Engel

1. Die beiden dreieckigen Papierstücke zickzackartig falten.

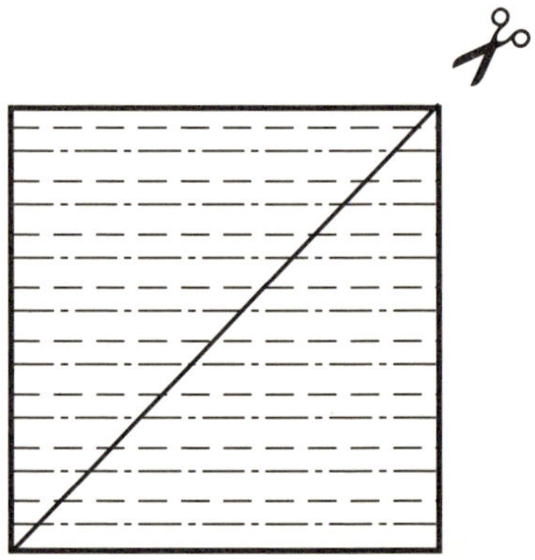

2. Das Papierquadrat diagonal durchschneiden.

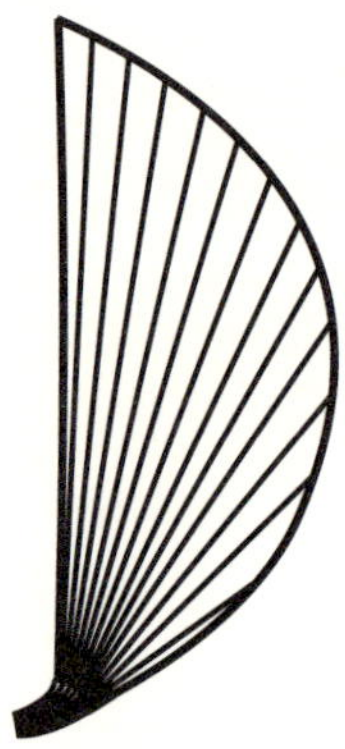

3. Das gefaltete Papier rechts und links in die Körperform stecken und/oder kleben.

Komplexe Formen für die Advents- und Weihnachtszeit

Der Stern der Weisen

Ein geschweifter Stern, so die Legende, wies den Weisen aus dem Morgenland den Weg nach Bethlehem, zur Anbetung des Jesuskindes.

Material

Papierformat: A3

Form

Flacher Stern (s. Seite 20)

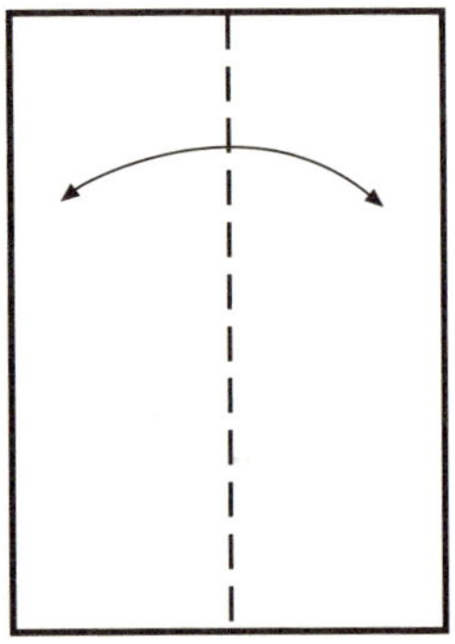

1. Die beiden langen Kanten aufeinander legen, falzen und entfalten.

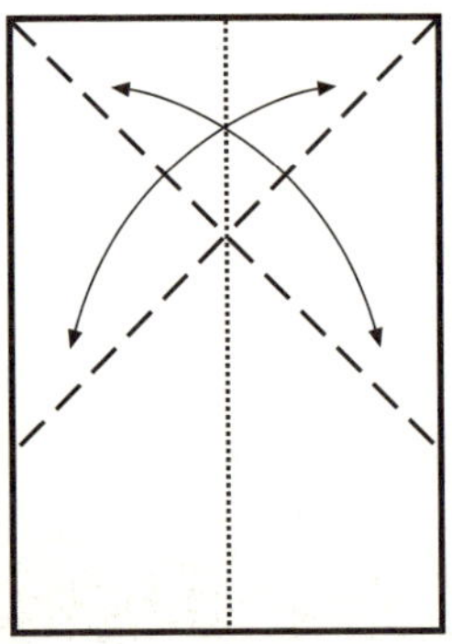

2. Eine kurze Kante so falten, dass sie an einer langen Seite anliegt, entfalten und zur anderen langen Seite ebenso falten.

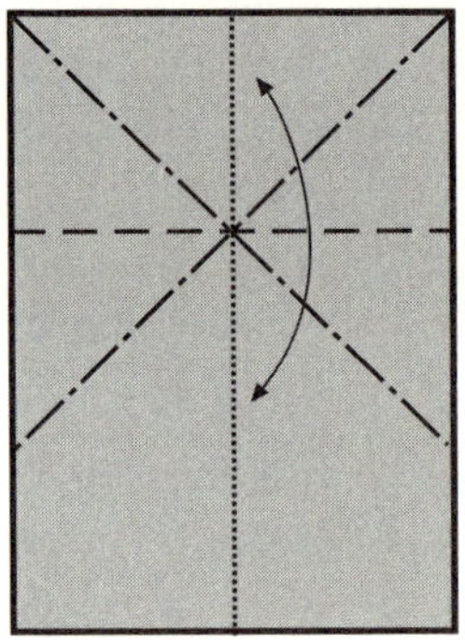

3. Das Papier wenden und die oberen Ecken auf die Enden der diagonalen Brüche legen, falzen und entfalten.

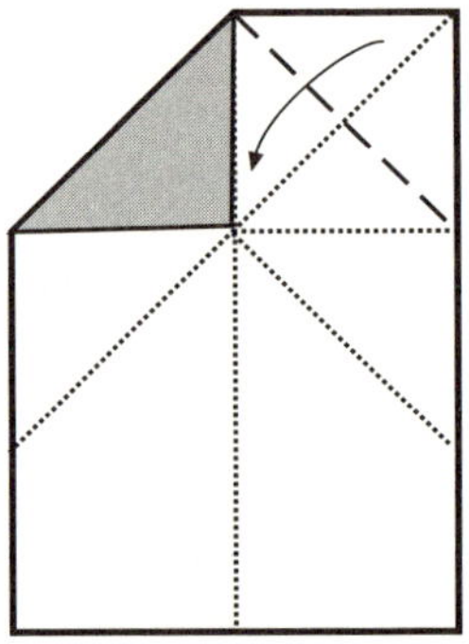

4. Das Papier wiederum wenden. Die beiden seitlichen oberen Spitzen zur Mittellinie falten.

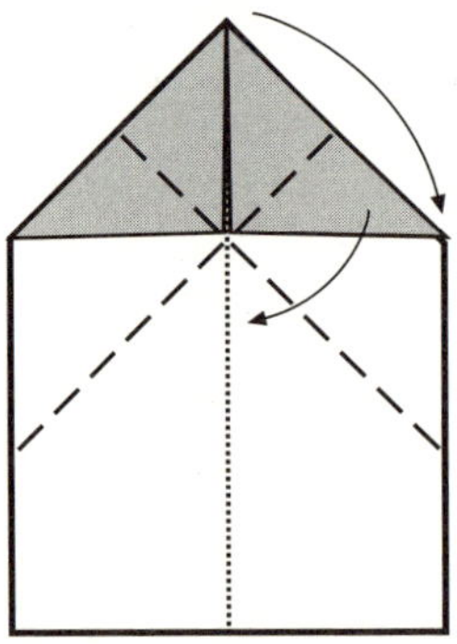

5. Die rechte Ecke so an die Mittellinie bringen, dass die Spitze links zu liegen kommt und entfalten. Mit der anderen Ecke ebenso verfahren.

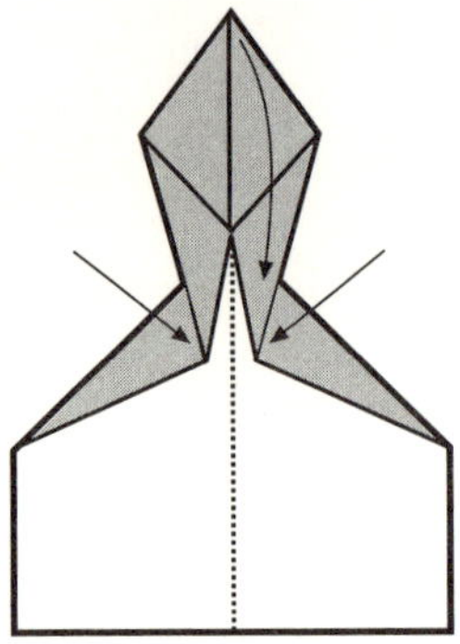

6. Die Bergfalten in der Mitte zusammenführen und den oberen Teil nach unten drücken.

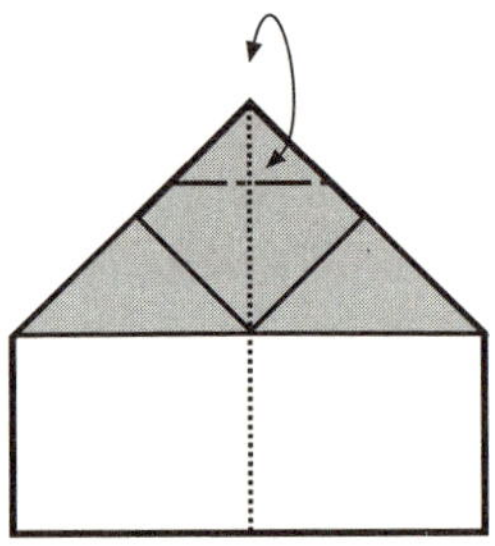

7. Die Spitze in einer Bergfalte nach hinten falten und entfalten.

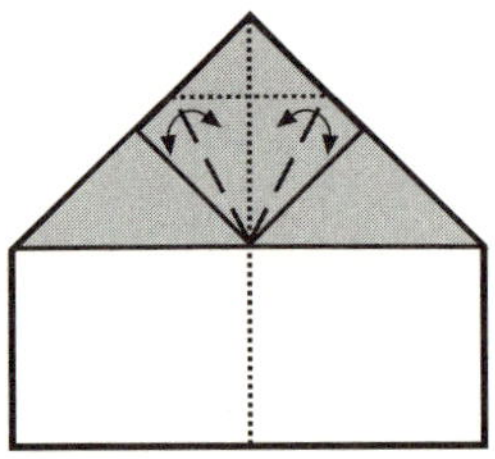

8. Die beiden seitlichen Spitzen der oberen Lage zur Mitte falten und entfalten.

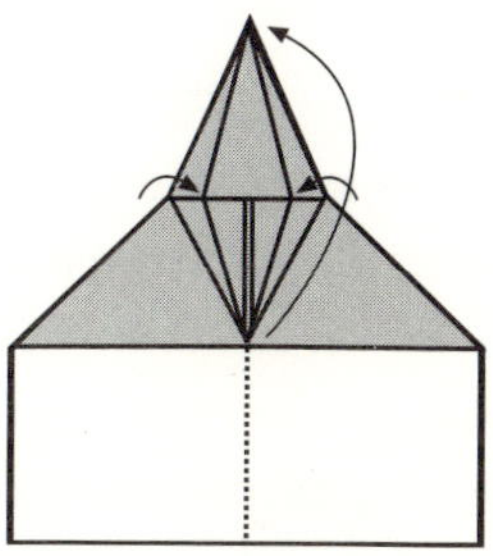

9. Die untere Ecke der oberen Lage nach oben bringen und dabei die seitlichen Ecken zu einer Drachenform zusammenführen.

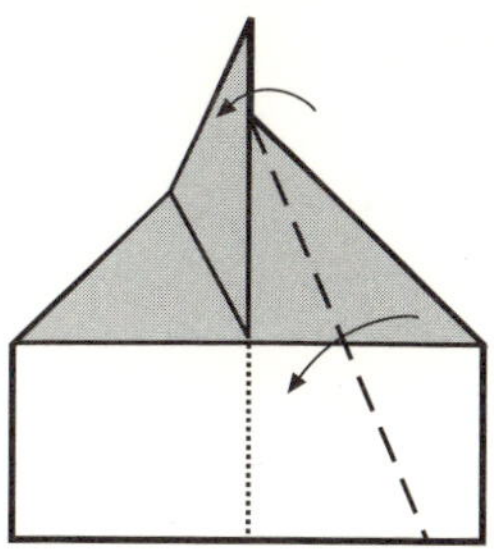

10. Eine Seite der Drachenform hochklappen und die darunter liegende Kante zur Mitte falten; die andere Seite ebenso.

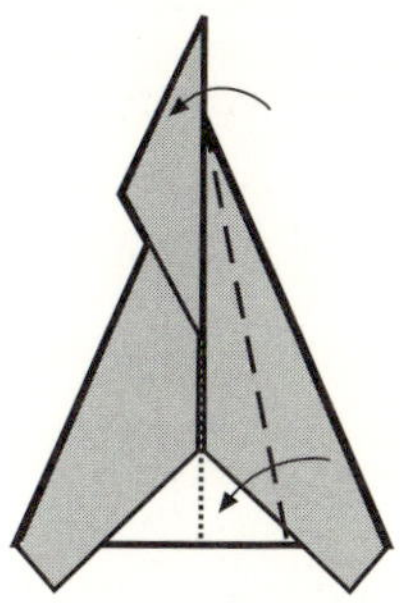

11. Eine Seite der Drachenform erneut hochklappen und die darunter liegende Kante wiederum zur Mitte falten; die andere Seite ebenso.

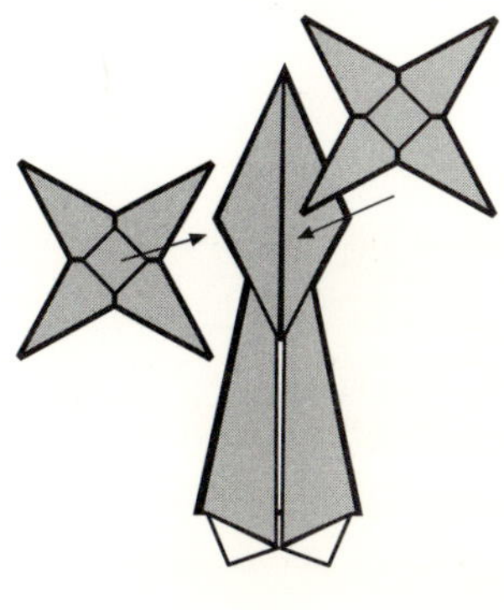

12. An der Spitze auf jede Seite einen flachen Stern kleben, die Sternzacken sitzen versetzt.

Sternenhimmel

Von einem bestimmten Punkt auf der Erde können wir, je nach Jahreszeit, ein anderes Sternenfirmament sehen. Der Blick zu den Sternen, zum Unendlichen hin, verbindet uns Menschen.
In der christlichen Religion gilt der Himmel als Wohnort Gottes, aber auch als Symbol seiner Macht und als Dimension des Göttlichen an sich.

Material

Papierformat: Quadrat
1. Stern 15 x 15 cm
2. Stern 21 x 21 cm

Grundform

Mühlenform → S. 14

1. Stern

1.– 6. Falten Sie das Papier in die Mühlenform.

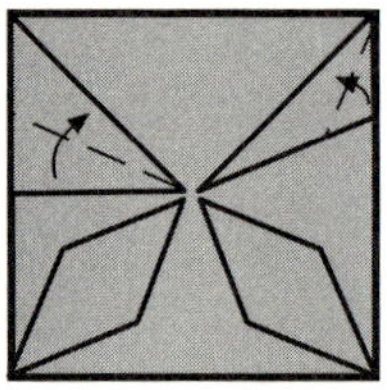

7. Die Ecken der Quadrate anheben und die freie Spitze des Dreiecks jeweils von der äußeren Ecke nach innen an die Mittellinie falten.

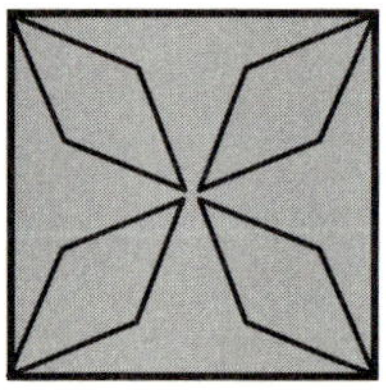

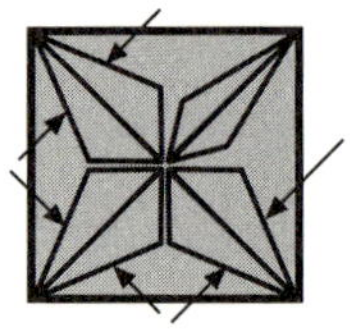

8. Die nun hochstehende Spitze von der Quadratmitte jeweils nach innen an die Mittellinie falten.

2. Stern

1.– 6. Falten Sie das Papier in der Mühlenform.

7. Die Ecken der Quadrate anheben und die freie Spitze des Dreiecks jeweils von der äußeren Ecke nach innen an die Mittellinie falten.

Tipps:

- Wird der Sternenhimmel ein- oder mehrfarbig aus Transparentpapier gefertigt, scheint am Fenster das Tageslicht hindurch.
- Für den Sternenhimmel lassen sich auch Papierreste hervorragend verarbeiten.

Montage
Beide Sternformationen im Wechsel ineinander stecken und mit etwas Klebstoff fixieren.

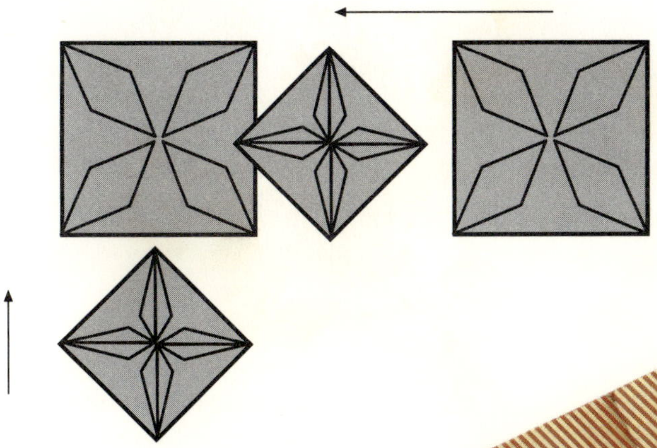

Weihnachtspyramide

Die Weihnachtspyramide stammt aus der Volkskunst und dient als dekorativer Schmuck in der Weihnachtszeit. Sie besteht zumeist aus einem dreistöckigen Holzgestell mit figurenreichen Szenen. Diese sind entweder christlich-weihnachtlich oder auch nur einfach winterlich.

■ **Material**

Papierformat: Quadrat

■ **Grundformen**

Zapfenform
Mühlenform

■ **Formen**

Gewölbter Stern (s. Seite 21)
Kerzen (s. Seite 54/55)

Pyramidenkörper (Grundform)

1.–10. Falten Sie das Papier in die Zapfenform und stellen Sie die Form auf.

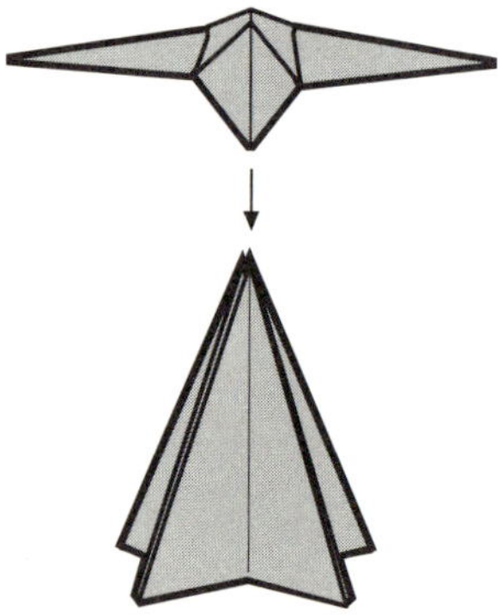

11. Den gewölbten Stern auf die Spitzen der Zapfenform stecken.

Standfläche

1.–6. Falten Sie das Papier zunächst in die Mühlenform.

7. Die beiden freien Spitzen der Quadrate hochklappen und bis auf das obere Drittel zusammenkleben. Fest andrücken.

8. Die freien Spitzen jeweils waagerecht nach außen falten.

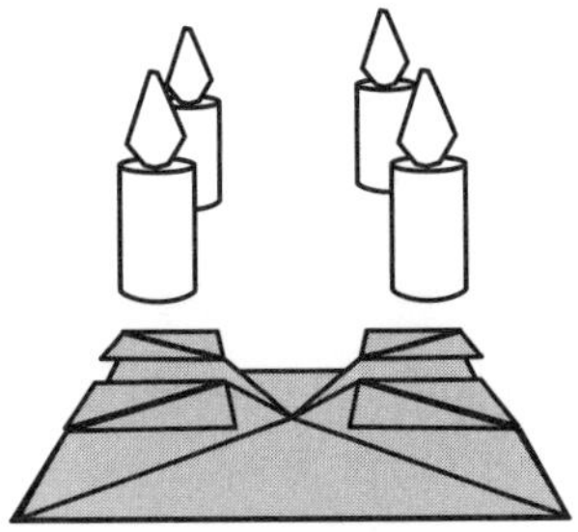

9. Auf die so entstandenen Standflächen jeweils eine Kerze kleben.

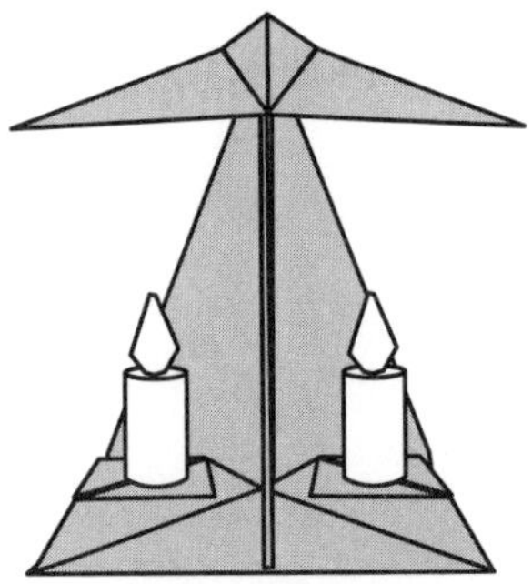

10. Den Pyramidenkörper mittig auf die Standfläche stellen.

Pyramidenkörper (Variante)

1.–10. Falten Sie das Papier in die Zapfenform und stellen Sie die Form auf.

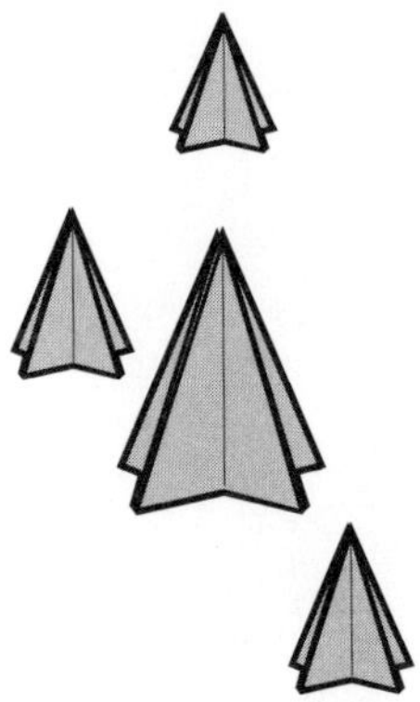

11. Falten Sie für die Spitze und die beiden Seitenteile das Papier in Zapfenform.

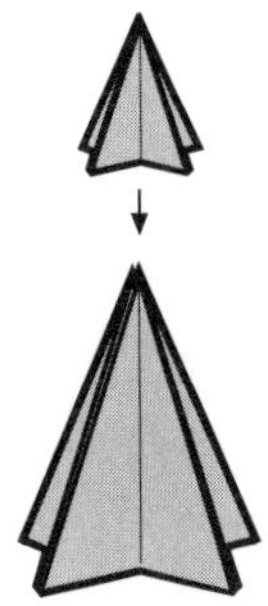

12. Einen Zapfen von oben in die aufgestellte Form stecken und festkleben.

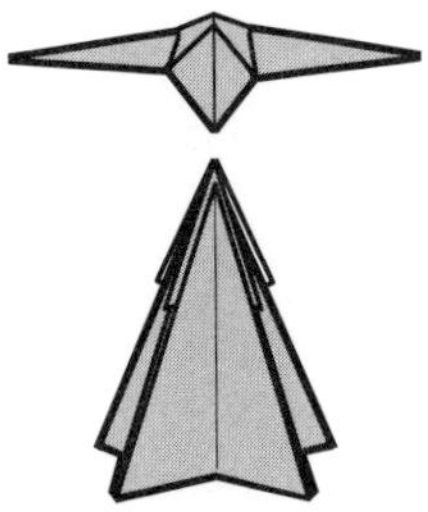

13. Den gewölbten Stern auf die Spitzen der Zapfenform stecken.

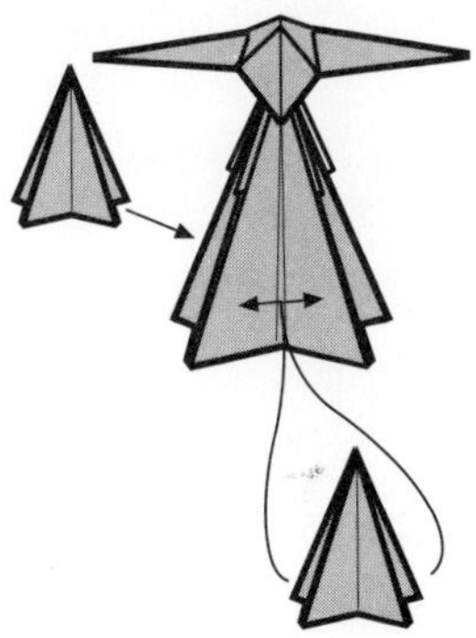

14. Die beiden restlichen Zapfenformen seitlich in den Pyramidenkörper stecken.

Pyramidenkörper (Variante)

(Abb. s. Seite 4 neben dem Inhaltsverzeichnis)

1.–10. Falten Sie das Papier in die Zapfenform und stellen Sie die Form auf.

11. Den gewölbten Stern auf die Spitzen der Zapfenform stecken.

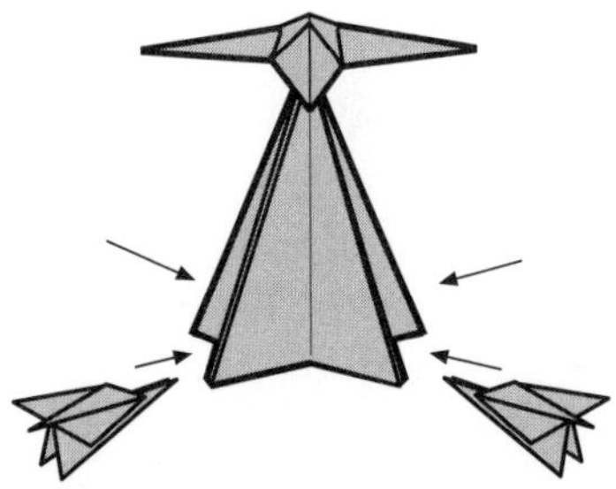

12. Falten Sie für die vier Seitenteile das Papier in Zapfenform und kleben Sie diese an. Die zuoberst liegende Spitze nach unten falten und festkleben.

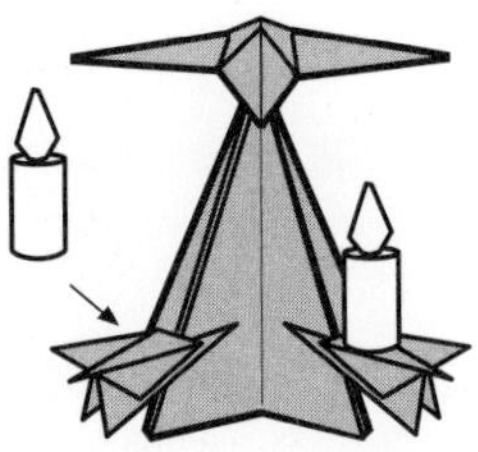

13. Auf die so entstandenen Standflächen jeweils eine Kerze kleben.

Kerzenhalter

Die Geschichte der Kerzenfabrikation und damit einhergehend auch die des Kerzenhalters reicht bis in das 2. Jahrhundert vor Christus zurück. Einen bedeutenden Aufschwung nahm die Beleuchtung mit Wachskerzen zunächst durch den Kultus der katholischen Kirche und später dann durch den vermehrten Luxus an den Fürstenhöfen. Gleich, ob vor Altären und Heiligenbildern in der Kirche oder zur festlichen Illumination in Räumen genutzt – der Kerzenhalter entwickelte sich immer mehr zu einem Kunstgegenstand.

Material
Papierformat: Quadrat

Grundform
Zapfenform

Form
Kerze (s. Seite 54/55)

1.–10. Falten Sie das Papier zunächst in die Zapfenform. Legen Sie das Papier mit den Spitzen nach oben.

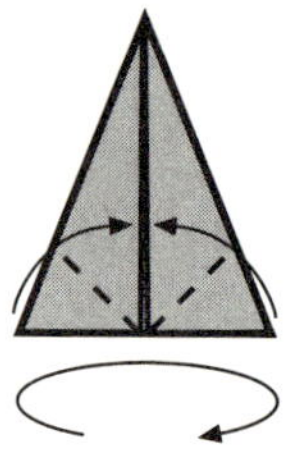

11. Die linke und rechte obere seitliche Ecke zur Mitte falten. Das Papier wenden.

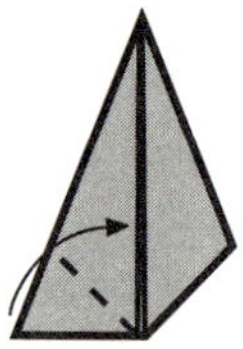

12. Wiederum die linke und rechte obere seitliche Ecke zur Mitte falten.

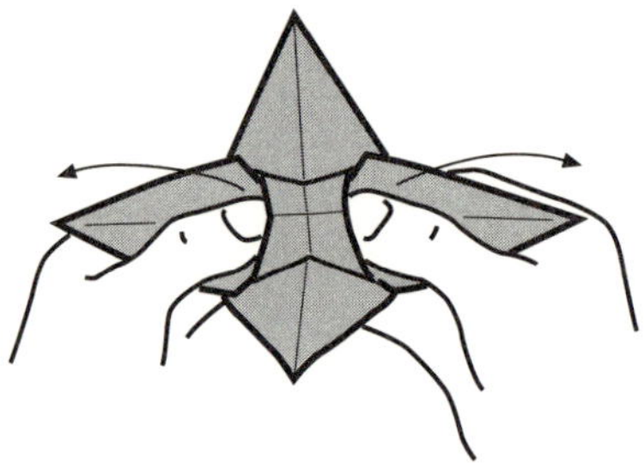

13. Die Form in beide Hände nehmen, rechts und links mit den Daumen nach innen greifen, dabei die außen liegenden rechten und linken Spitzen gut festhalten. Die Form behutsam und langsam nach außen ziehen, bis in der Mitte eine quadratische Form entsteht. Die Falten feststreichen.

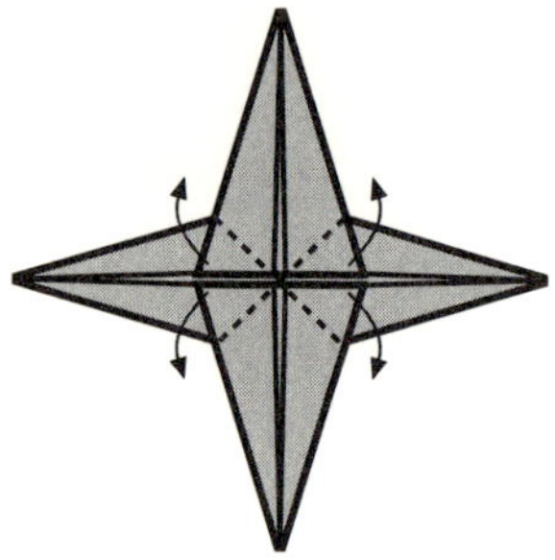

14. Das Papier wenden. Die rechten und linken Ecken zur Mitte falten und dann senkrecht aufstellen.

15. Die aufgestellten Ecken öffnen und flach drücken.

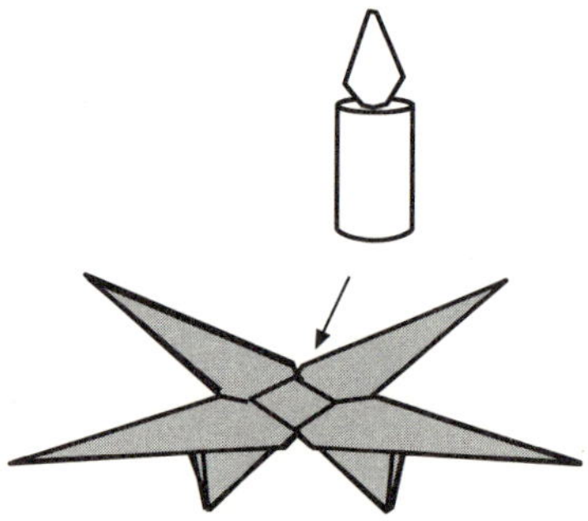

16. Den Halter in die gewünschte Form biegen und die Kerze aufkleben.

Gestaltete Gesichter

Die Gesichtszüge der weihnachtlichen Figuren können auch »modelliert« werden. Hierfür wird ein bräunliches Papier (Packpapier) verwendet und die Faltung zu einem Mund geformt. Die Augen bestehen aus zwei kleinen angeklebten Zapfenformen.

■ **Material**
Papierformat: Quadrat

■ **Grundform**
Zapfenform

■ **Form**
Kopfform (s. Seite 28/29)

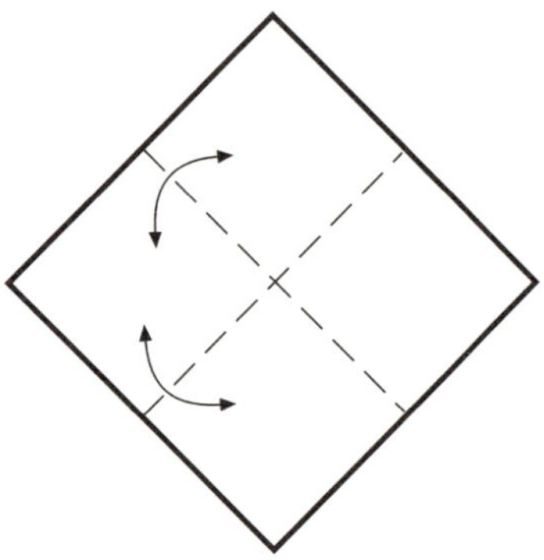

1. Die untere Hälfte in einer Talfalte auf die obere falten und wieder entfalten. Dann die rechte Seite in einer Talfalte auf die linke falten und wieder entfalten.

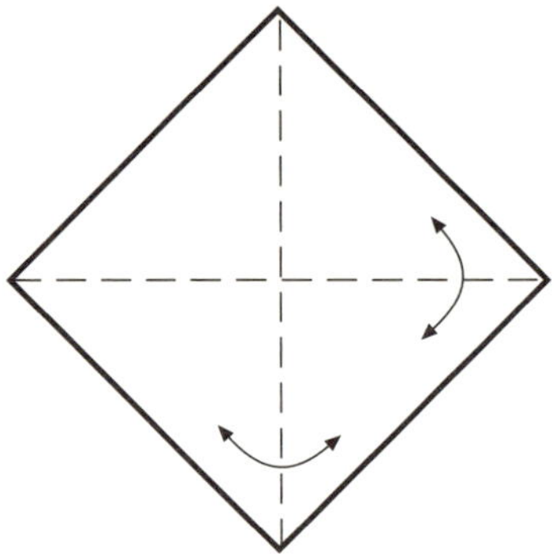

2. Die linke Ecke in einer Talfalte auf die rechte Ecke falten und entfalten und dann die obere Ecke auf die untere falten und wieder entfalten.

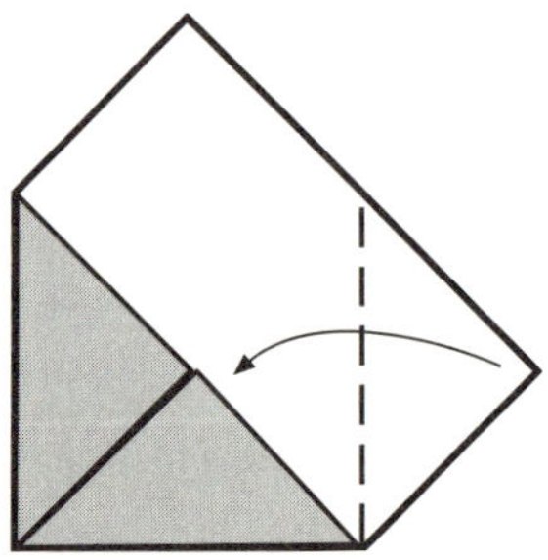

3. Drei Ecken zur Mitte falten.

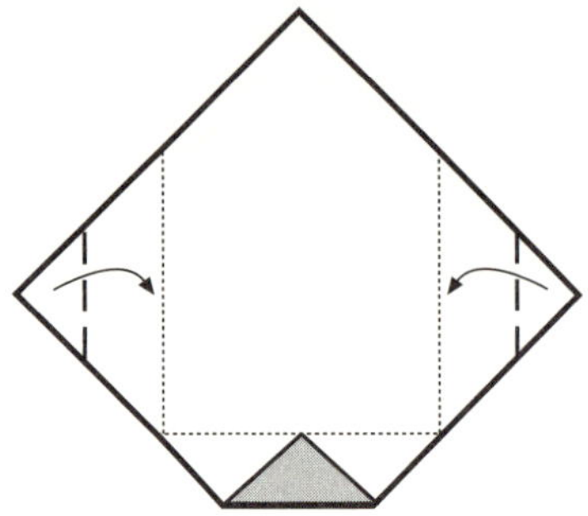

4. Die Ecken auffalten und bis zur Faltlinie nach innen falten.

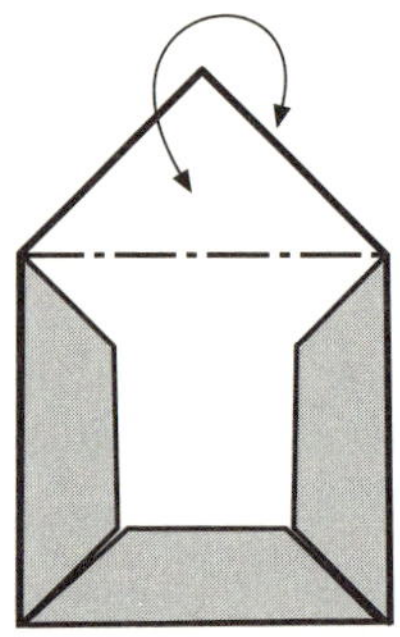

5. Die obere Ecke in einer Bergfalte nach hinten falten und wieder entfalten.

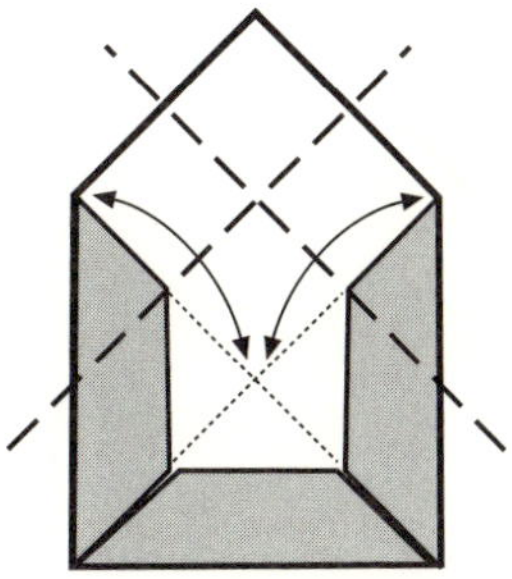

6. Die oberen Ecken im angegebenen Bereich zur Mitte falten und wieder entfalten.

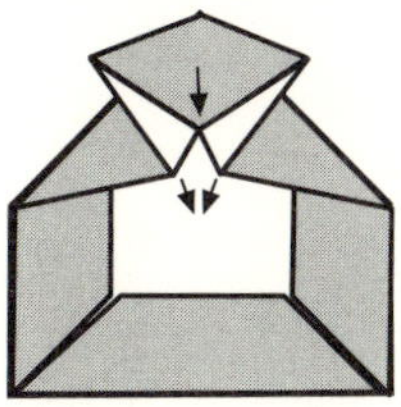

7. Die diagonalen Falten von rechts und links in der Mitte zusammenführen und das dadurch entstehende Quadrat zusammenlegen.

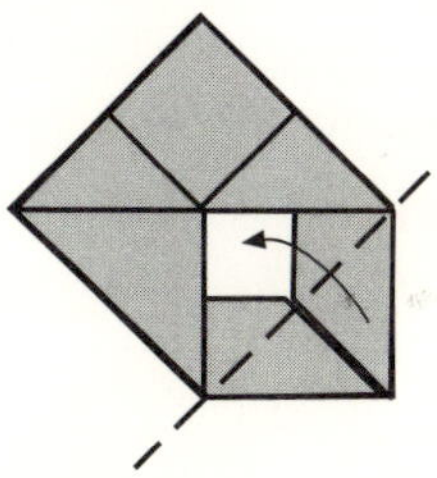

8. Die beiden unteren Spitzen zur Mitte falten.

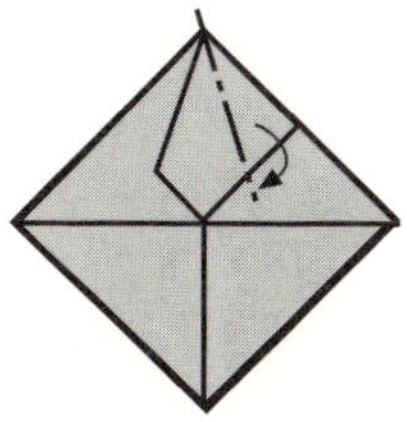

9. Die Ecken des Quadrats anheben und die freie Spitze des Dreiecks jeweils von der äußeren Ecke nach innen an die Mittellinie falten.

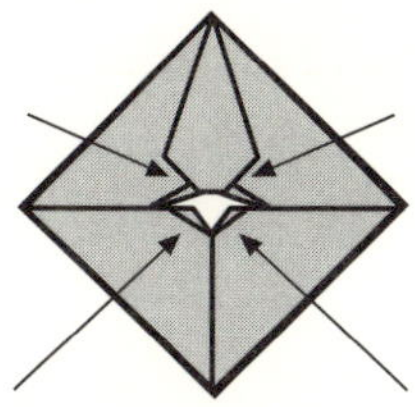

10. Den Mund und die Nase ausformen.

1.–10. Falten Sie das Papier zunächst in zwei Zapfenformen.

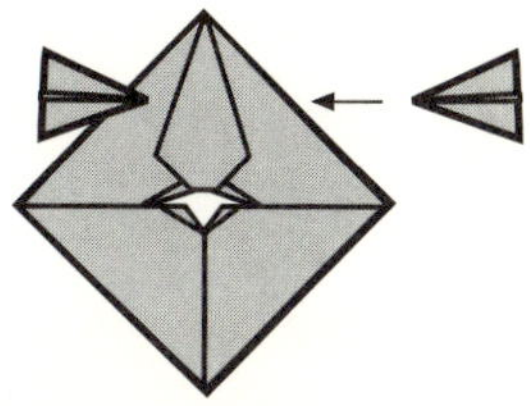

11. Die beiden Zapfenformen rechts und links über der Nase als Augen aufstecken.

Montage

Das gestaltete Gesicht in die gefaltete Kopfform stecken.

Weihnachtskrippe

Die Weihnachtskrippe ist Teil der figürlichen Darstellung der Heiligen Familie, also Maria und Josef mit dem Jesuskind im Stall zu Bethlehem. Meist wird auch die Anbetung der Heiligen Drei Könige und der Hirten dargestellt. Ochs und Esel sowie meist eine Palme runden das Krippenensemble ab. Die Weihnachtskrippe ist seit Mitte des 16. Jahrhunderts bekannt.

Material
Papierformat: Quadrat

Grundformen
Zapfenform
Ordensform

Formen
Arme (s. Seite 30)
Kopf (s. Seiten 28/29 und 42/43)
Gewölbter Stern (s. Seite 20/21)

Kripppe

Krippe

1.-6. Falten Sie das Papier in die Ordensform. Das Papier wenden.

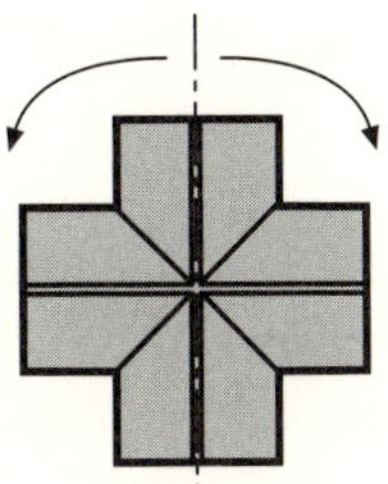

7. Zwei gegenüberliegende Seiten fest nach außen klappen und das Krippeninnere ausformen.

Grundform Körper

1.–10. Falten Sie das Papier in die Zapfenform und stellen Sie diese auf.

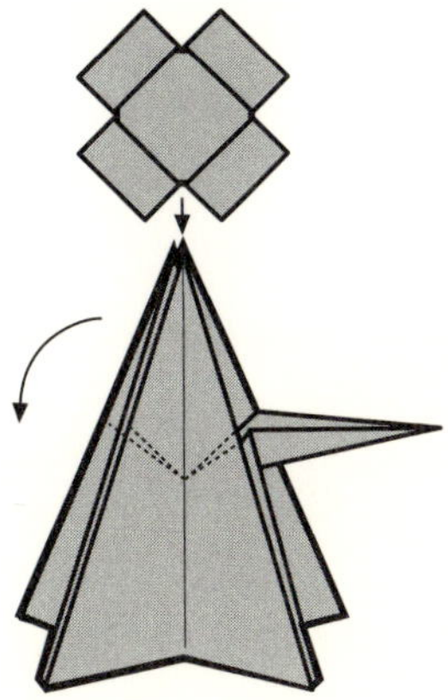

11. Den Kopf (gezeichnet oder gestaltet) mit Klebstoff anbringen und die Arme in Form falten.

Palme

1.–5. Falten Sie das Papier in die Zapfenform und stellen Sie diese auf.

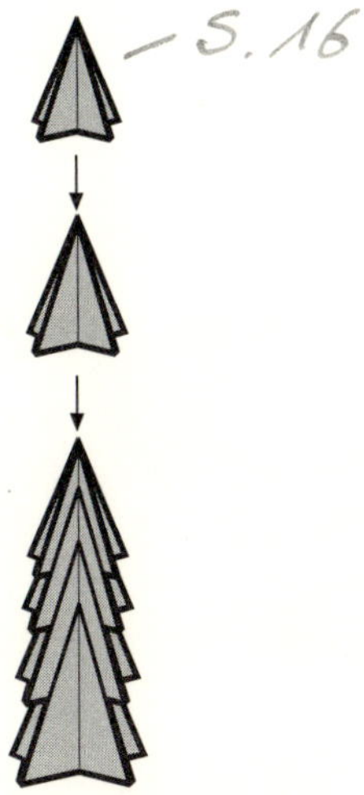

6. Stecken Sie mehrere Zapfen zu einem Stamm ineinander.

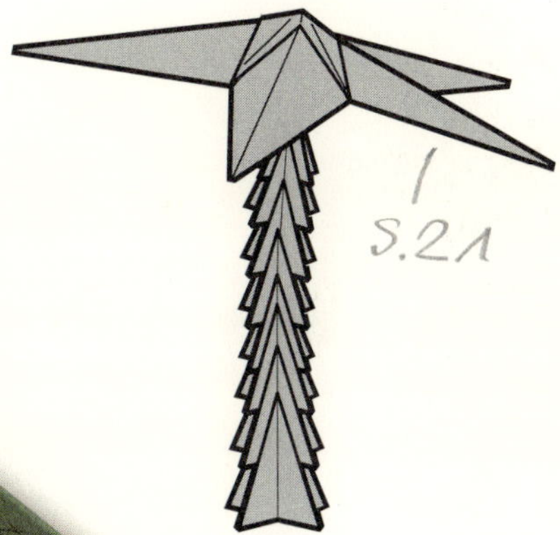

7. Den gewölbten Stern auf die Spitzen der Zapfenform stecken.

Adventsgesteck

Anstelle des Weihnachtsbaums traten im 18. Jahrhundert in einigen Gegenden auch andere Lichtträger, wie figürliche oder aus Holz geschnitzte Kerzenhalter oder unterschiedliche Weihnachtsgestelle aus Holzstäben, immergrünen Zweigen oder Papierschnitzeln. Ab 1918 kam der Adventskranz hinzu, der vereinzelt schon seit 1860 existierte.

■ **Material**

Papierformat: Quadrat

■ **Grundform**

Zapfenform

■ **Form**

Kerze (s. Seite 54/55)

1.– 5. Falten Sie das Papier in die Zapfenform.

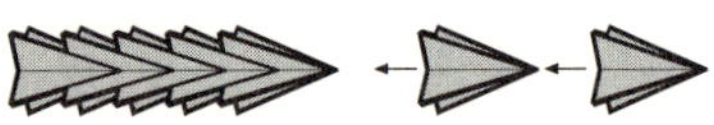

6. Die Zapfenformen in beliebiger Länge zusammenstecken und verkleben.

Eckkonstruktion

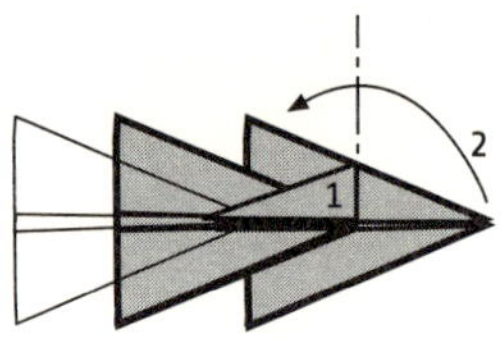

7. Beim Eckzapfen zwei Zapfenspitzen zurückfalten.

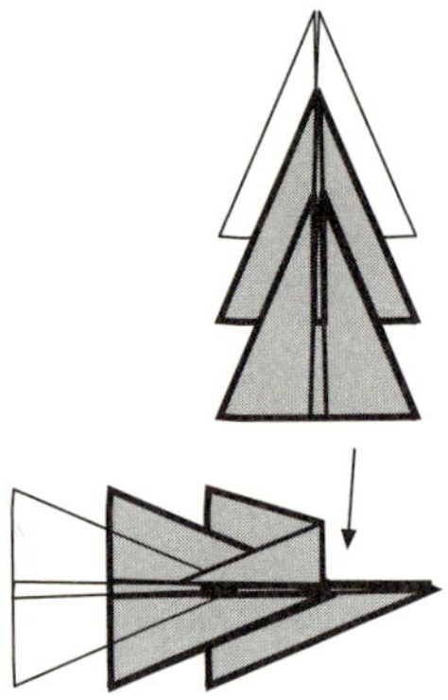

8. In diese Faltung im rechten Winkel die Endecke eines Zapfens einstecken. Das Ganze verkleben.

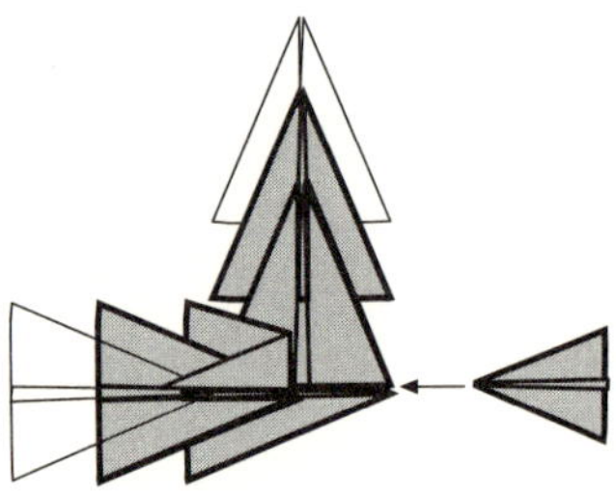

9. Auf die offene Ecke des Gestecks einen kleinen Zapfen mit der Spitze stecken und verkleben.

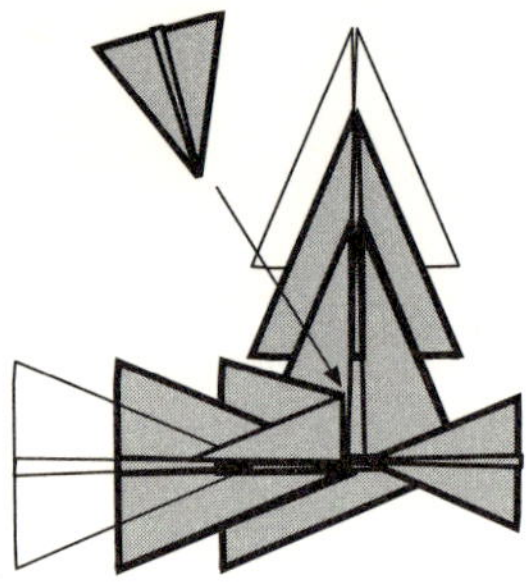

10. Auf alle vier Ecken des Gestecks von oben einen Zapfen stecken und festkleben.

11. Vier Zapfen von oben auf das Gesteck stecken, festkleben und jeweils eine Kerze darauf kleben.

Tipps:

- Wird das Adventsgesteck an den Ecken auf vier kleine Zapfenformen aufgesteckt, gewinnt es etwas an Höhe.
- In die Mitte des Adventsgestecks lassen sich Schalen mit Nüssen, Gebäck sowie Obst und ein Kerzenarrangement stellen.

Sonderformen und Gestaltungsbeispiele

Adventskalender

Die Ursprünge des Adventskalenders, wie wir ihn heute kennen, lassen sich bis in das 19. Jahrhundert zurückverfolgen. In gläubigen Familien wurden im Dezember 24 Bilder nach und nach an die Wand gehängt oder einfach 24 Kreidestriche an die Wand oder Tür gemalt, von denen die Kinder täglich einen wegwischen durften. Weitere Varianten bestanden darin, Strohhalme für jeden Tag bis Heiligabend in eine Krippe zu legen oder eine Adventskerze jeden Tag bis zu einer bestimmten Markierung abzubrennen. 1908 wurde der erste – noch türchenlose – Adventskalender gedruckt. Seit etwa 1920 erschienen die ersten Adventskalender mit Türchen zum Öffnen.

■ Formen

Schachteln (s. Seite 56/57)
Figuren & Objekte
Gestaltungsbeispiele Zahlen
(s. Seite 59/60)

1. Den Schachtelboden falten (s. Seite 56).

2. Auf die Rückseite des Papiers für den Schachteldeckel die Zahlen mit schwarzem Filzstift schreiben, aufkopieren oder aufkleben.

3. Den Schachteldeckel falten (s. Seite 57).

4. Unterschiedliche kleine Figuren oder Objekte falten und auf den Schachteldeckel aufkleben.

Tipp:
- Legen Sie für den Schachteldeckel die Papierseite mit den Zahlen nach unten, damit diese am gefalteten Deckelrand erscheinen.

Kerzen

Der Besuch der mitternächtlichen Christmette, der Gang durch die Dunkelheit zu der vom Licht der Weihnachtskerzen erfüllten Kirche ist Tradition. Die Kerze ist in christlichem Brauch eng mit der auf Jesus Christus bezogenen Lichtsymbolik – »das Licht der Welt« – verbunden. Das Aufstellen von Kerzen an Altären und Heiligenbildern wurde bereits im Mittelalter allgemein üblich.

Material

Papierformat: Quadrat

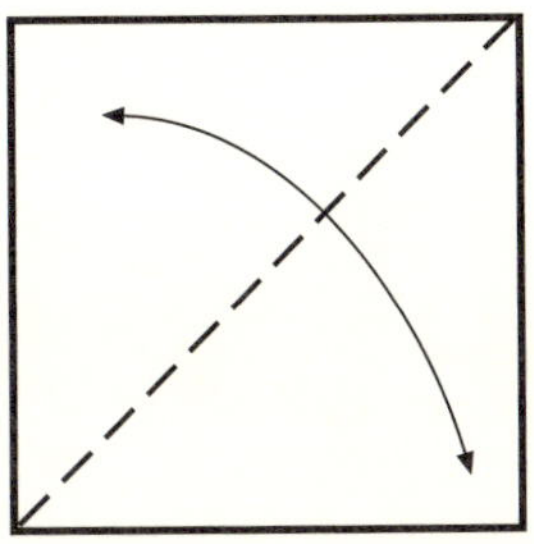

1. Die linke obere Ecke in einer Talfalte auf die rechte untere falten.

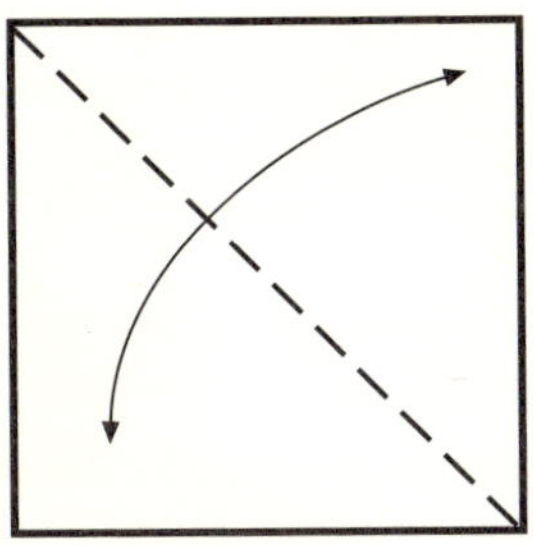

2. Die linke untere Ecke in einer Talfalte auf die rechte obere falten.

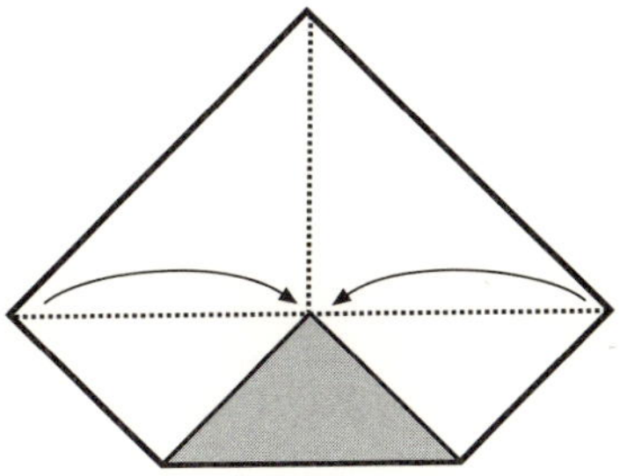

3. Drei Ecken zur Mitte falten.

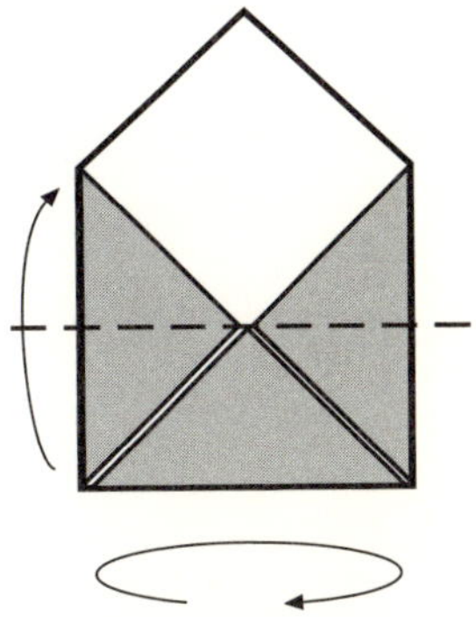

4. Die unteren Ecken auf die oberen falten. Das Papier wenden.

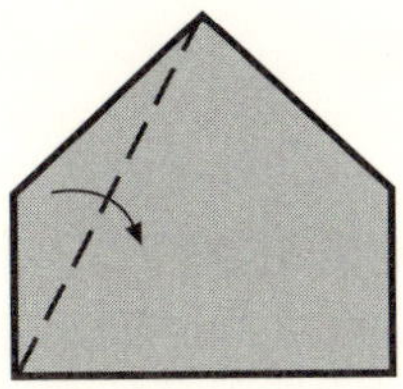

5. Die rechte Kante von der oberen Spitze bis zur unteren Ecke nach innen falten.

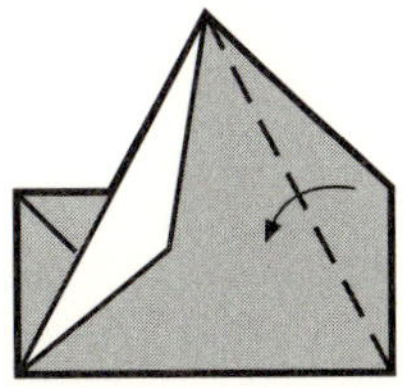

6. Die linke Kante von der oberen Spitze bis zur unteren Ecke nach innen falten. Das Papier wenden und über eine Tischkante ziehen.

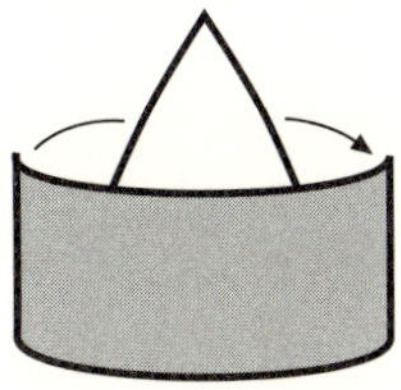

7. Die beiden Seiten zu einer runden Form fest ineinander stecken.

8. Die herausragende Spitze behutsam zu einer Flamme verdrehen.

Schachteln

Zum Aufbewahren von winzigen Geheimnissen sind kleine Schachteln hervorragend geeignet. Wird der Deckelrand gar mit Zahlen in der Folge 1 bis 24 gestaltet und der Deckel mit adventlichen Motiven geschmückt, können solche Schachteln hervorragend zu einem Adventskalender zusammengestellt werden. Was die einzelnen Tage wohl für Überraschungen in sich bergen?

Material

Papier Schachtelboden
21 x 21 cm
Papier Schachteldeckel
15,5, x 15,5 cm

Schachtelboden

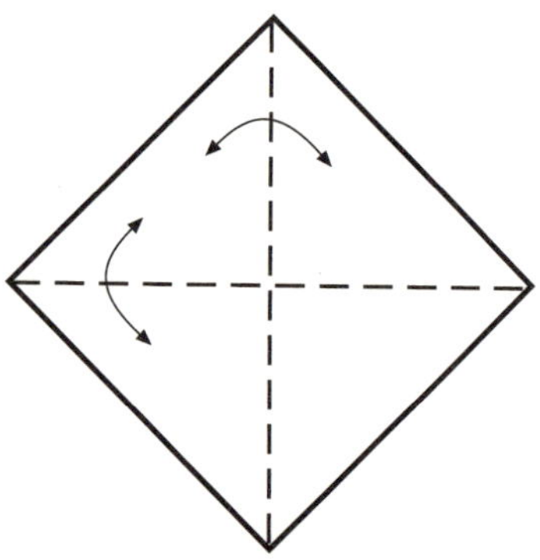

1. Die rechte Ecke in einer Talfalte auf die linke falten und wieder entfalten. Die obere Ecke in einer Talfalte auf die untere falten und wieder entfalten.

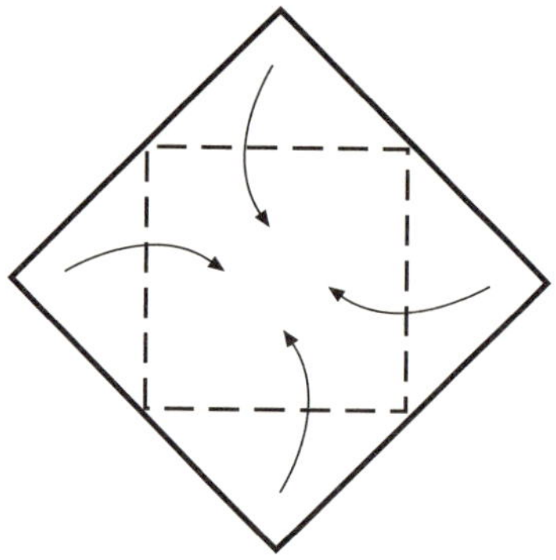

2. Alle vier Ecken zur Mitte falten.

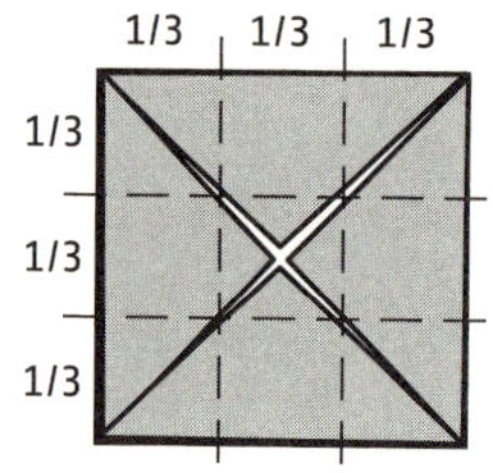

3. Das Papier von einer Seite aus durch Talfalten dritteln und entfalten. Das Papier um 90° drehen. Das Papier wiederum durch Talfalten dritteln und entfalten.

4. Zwei gegenüberliegende Ecken auffalten. Die rechte und linke Seite in jeweils einer Talfalte ein Drittel nach innen falten und entfalten.

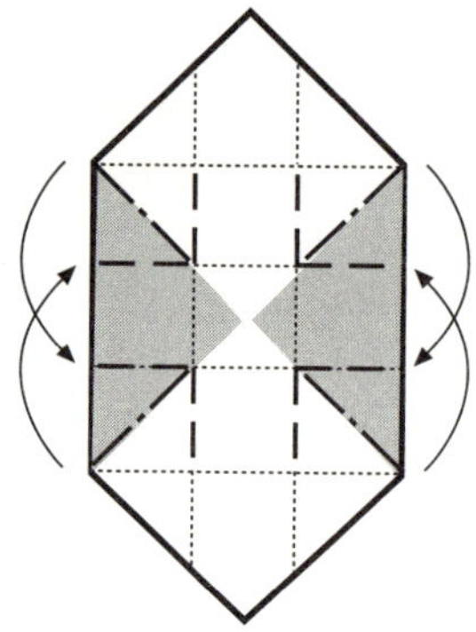

5. Berg- und Talfalten in den gekennzeichneten Quadraten falten und entfalten.

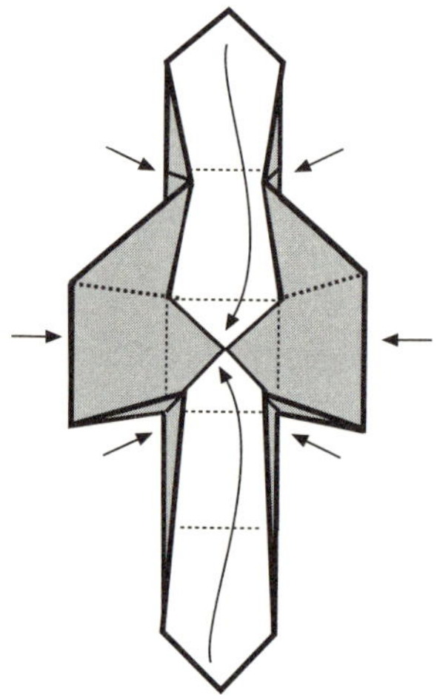

6. Die rechte und linke Seite der Figur anheben und die diagonalen Faltungen übereinander schieben. Die obere Ecke nach innen über den Schachtelrand klappen. Mit der unteren Ecke ebenso verfahren.

Schachteldeckel

Aufgepasst: Die Papierseite mit den Zahlen liegt unten!

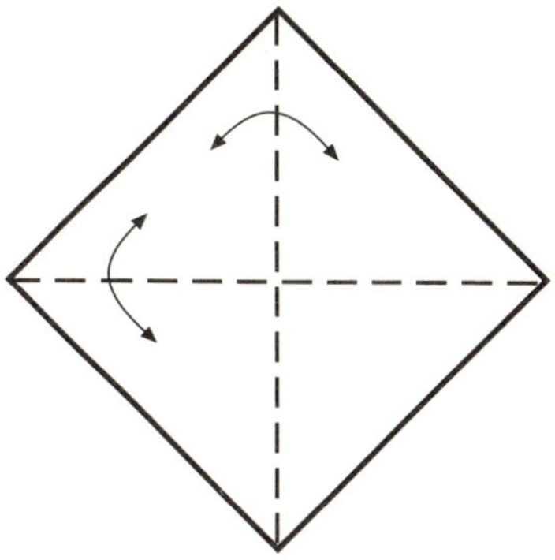

1. Die rechte Ecke in einer Talfalte auf die linke falten und wieder entfalten. Die obere Ecke in einer Talfalte auf die untere falten und wieder entfalten.

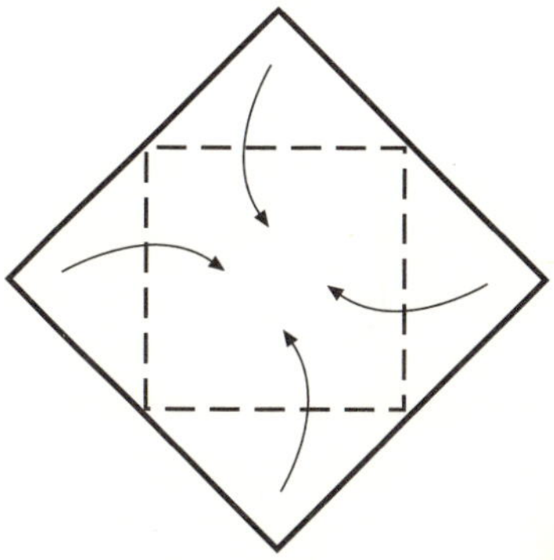

2. Alle vier Ecken zur Mitte falten.

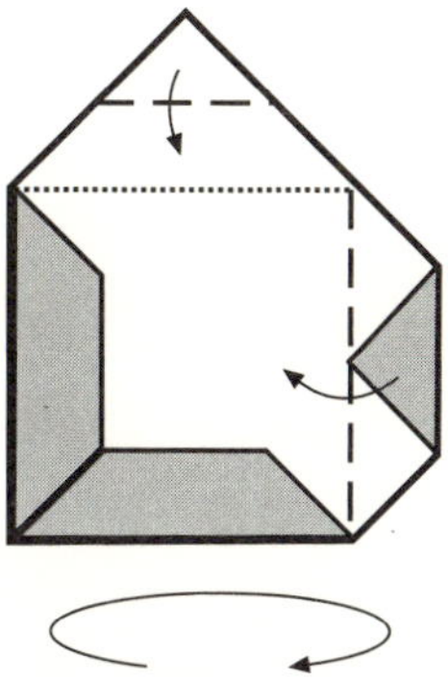

3. Die Ecken auffalten, die Ecke bis zur Quadratkante falten. Das Ganze zurückfalten und das Papier wenden.

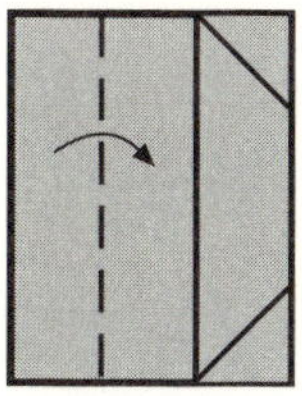

4. Zwei gegenüberliegende Seiten zur Mitte legen und falten.

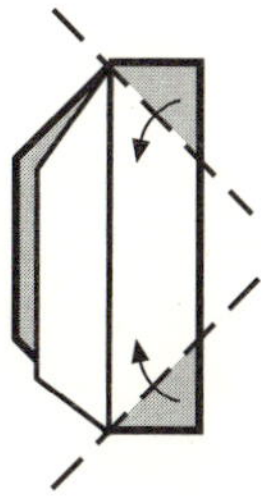

5. Die eine obere Papierlage auffalten und die beiden äußeren Ecken nach innen falten. Die Papierlage zurückfalten.

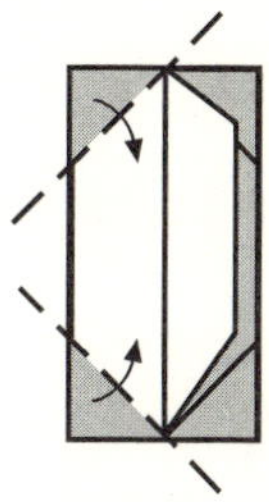

6. Mit der anderen oberen Papierlage ebenso verfahren.

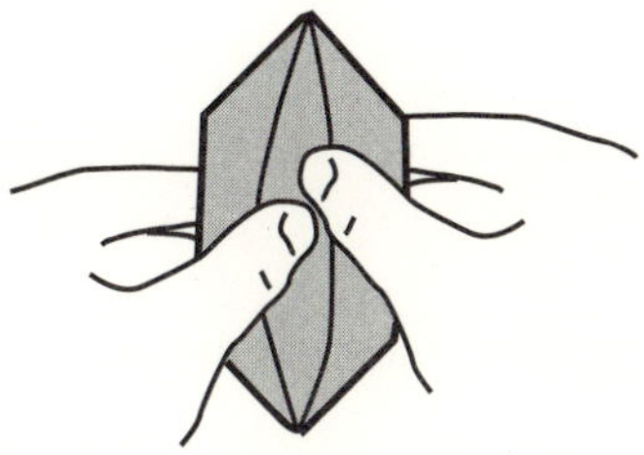

7. In die mittlere Öffnung greifen, das Papier behutsam nach außen ziehen und den Deckel ausformen.

Karten und Umschläge

Zur Weihnachtszeit denken wir gerne an unsere Verwandten, Freunde und Bekannten und schicken ihnen einen Weihnachtsgruß.

Material
Doppelkarte 14,5 x 20 cm
Papier

Formen
Flacher Stern (s. Seite 20)
Zapfenform (s. Seite 16/17)

Karten

1. Vorgefertigte Doppelkarte kaufen oder eine Karte selbst gestalten, indem auf diese weihnachtliche Motive (Gestaltungsbeispiele s. Seite 62/63; s. auch Seite 9) aufgebracht werden.

2. Einfache Formen wie einen flachen Stern oder eine Zapfenform falten und auf die Karte kleben.

Briefumschläge

1. Vorgefertigtes Papier kaufen oder Papier selbst gestalten, indem auf dieses weihnachtliche Motive (Gestaltungsbeispiele s. Seite 62/63; s. auch Seite 9) aufgebracht werden.

2. Das Papier gemäß Schnittmuster zuschneiden.

3. Die Kanten falten und wieder entfalten.

4. Die seitlichen Laschen nach innen klappen, mit Klebstoff versehen und die untere Lasche in einer Talfalte nach oben klappen.

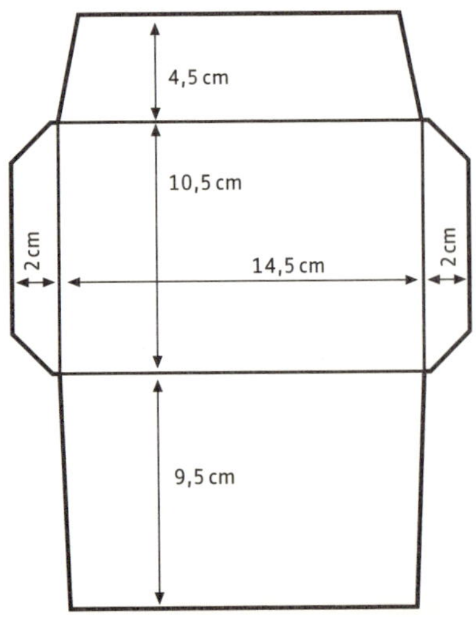

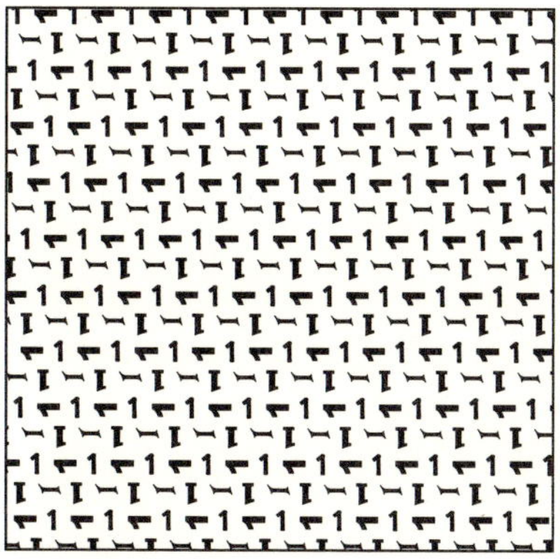

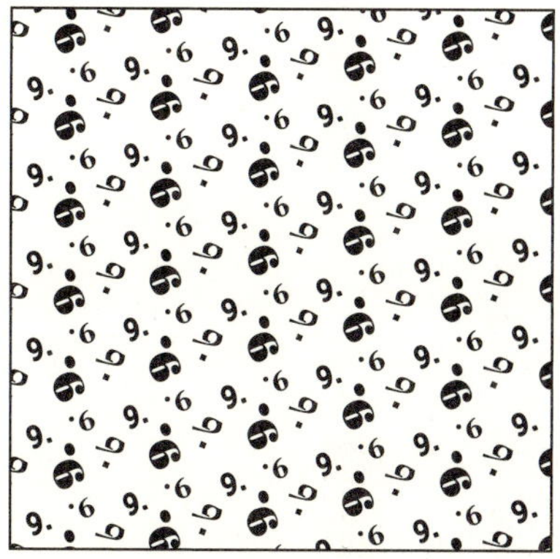
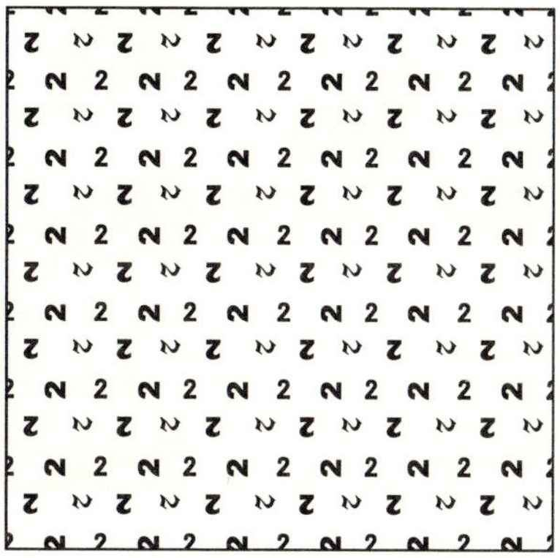
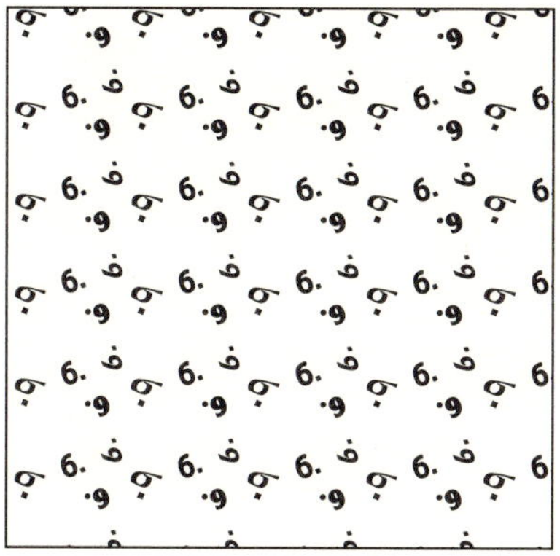

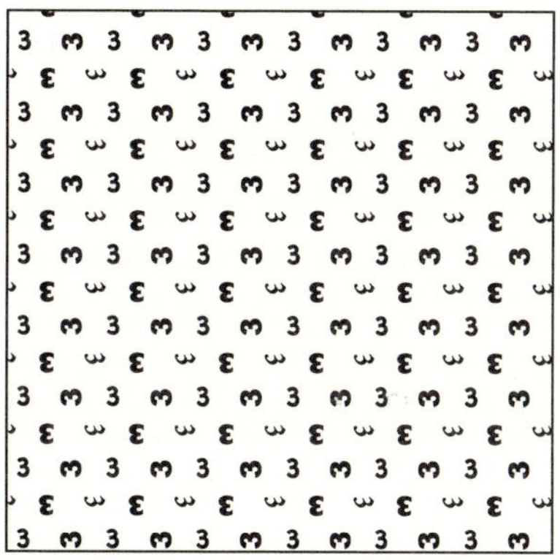

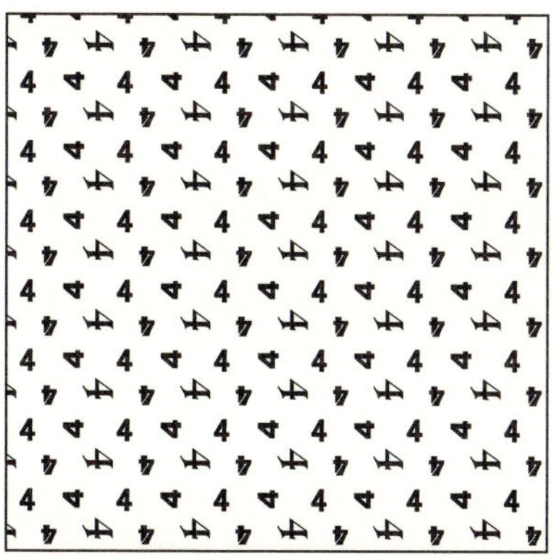

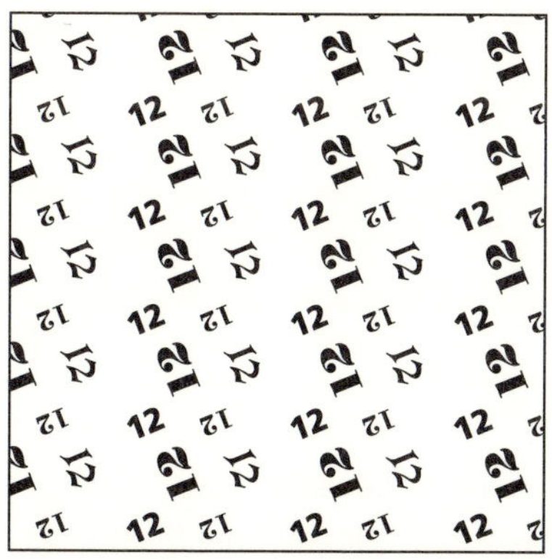

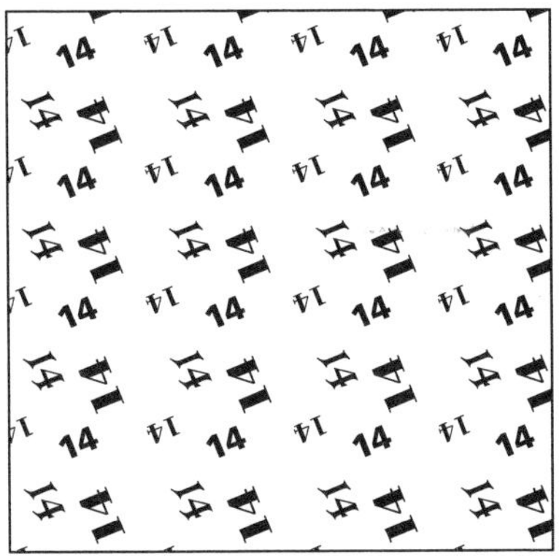
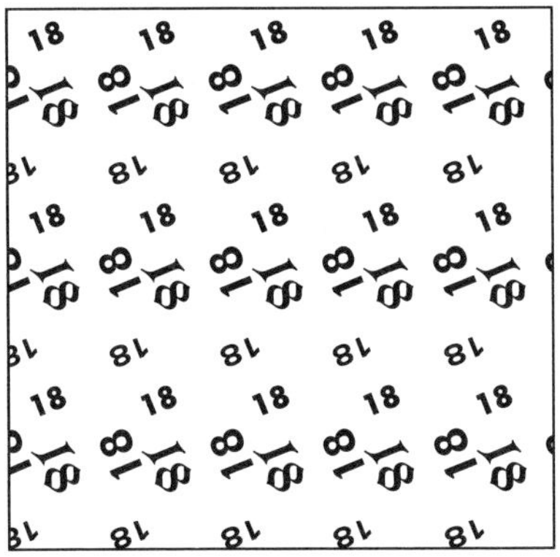

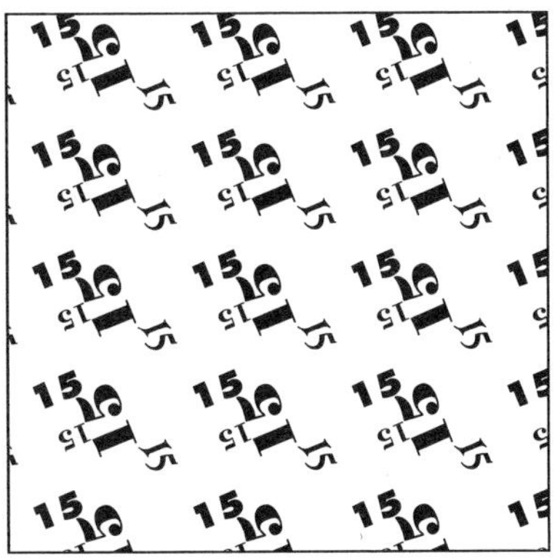
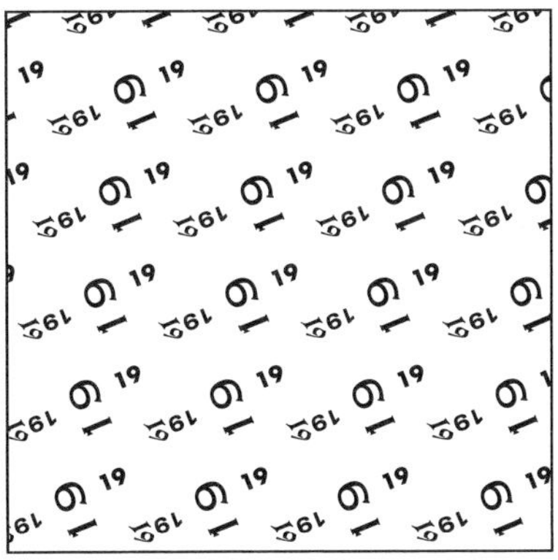

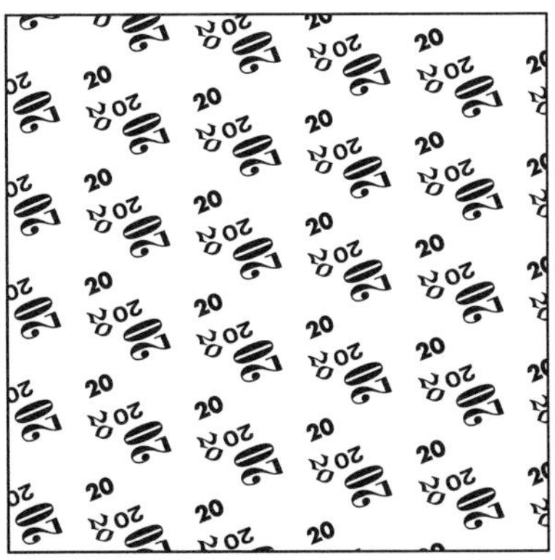

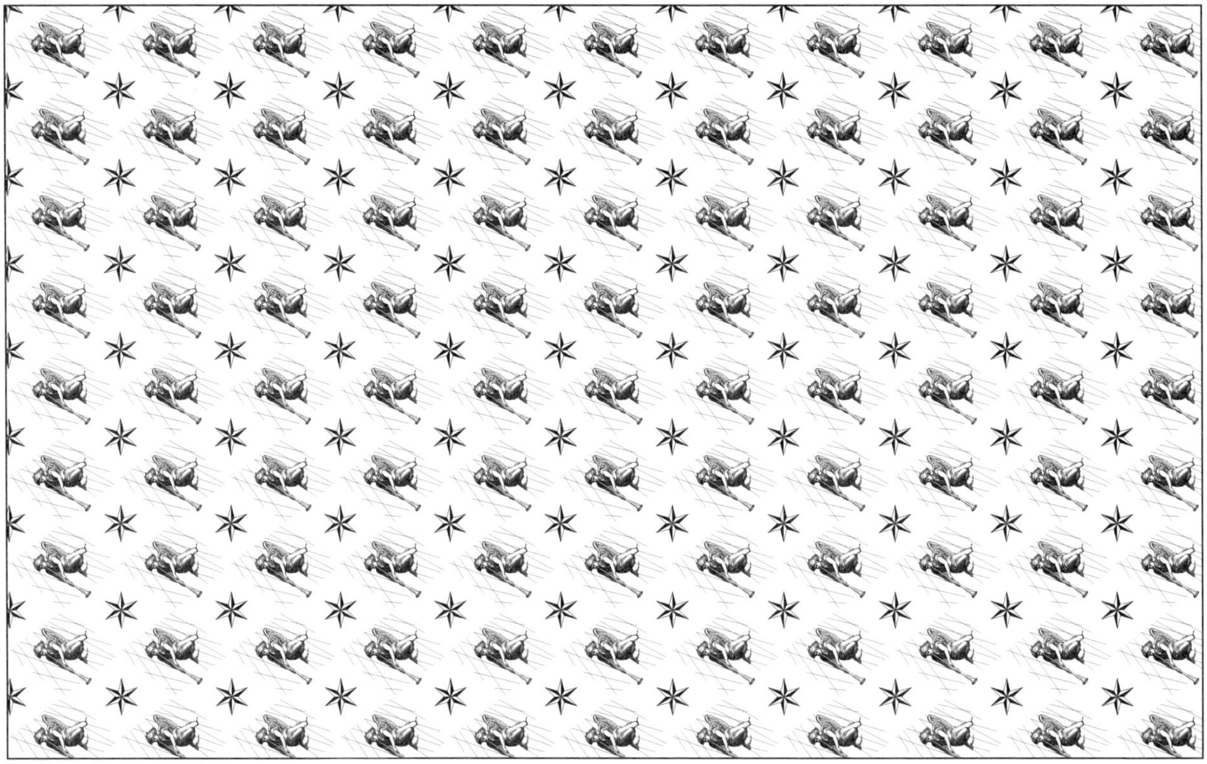

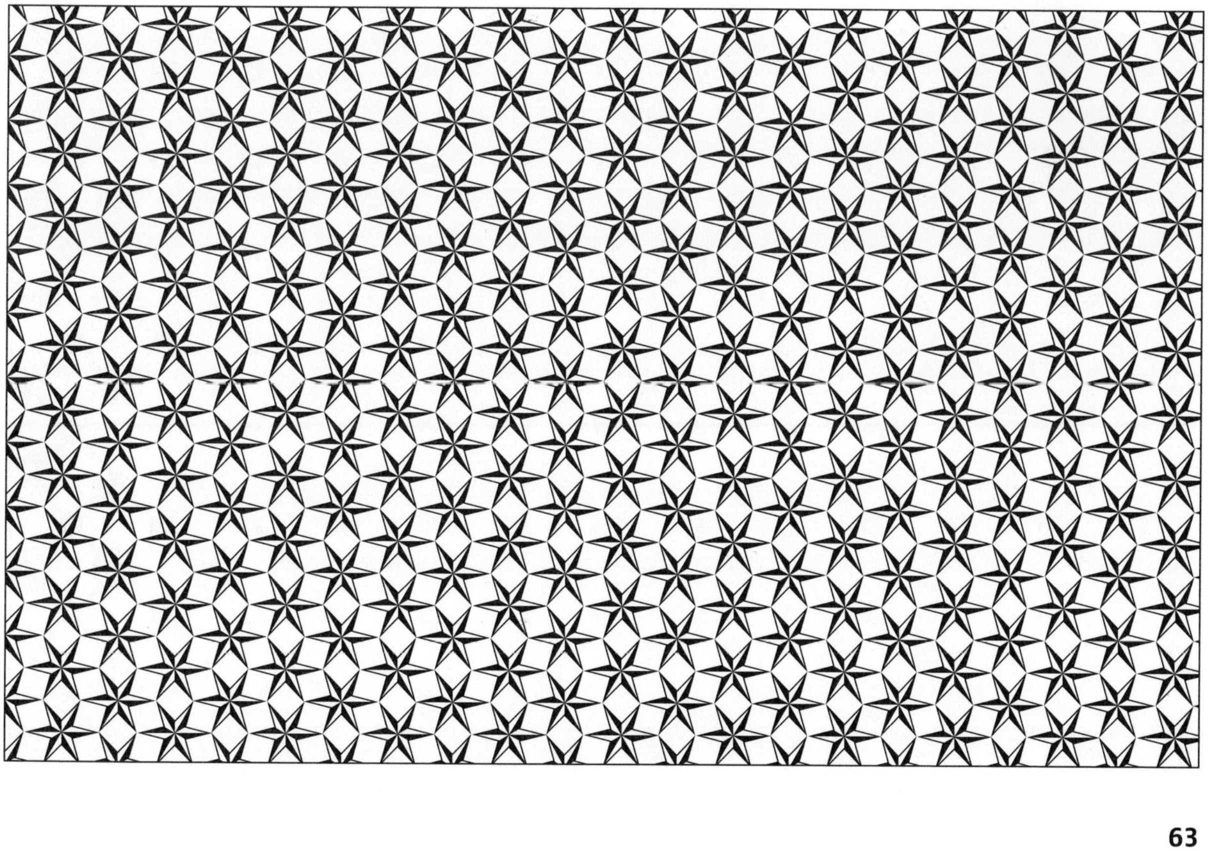

Die Deutsche Bibliothek–CIP-Einheitsaufnahme
Ein Titeldatensatz für diese Publikation ist bei
Der Deutschen Bibliothek erhältlich.
ISBN 3-332-01362-9

www.dornier-verlage.de
www.urania-ravensburger.de
1. Auflage September 2002

Der Urania Verlag ist ein Unternehmen der Verlagsgruppe Dornier.

Umschlaggestaltung: Behrend & Buchholz, Hamburg
Fotografie: Uli Staiger, Berlin
Modelle: Martin Schulze
Lektorat: Berliner Buchwerkstatt, Vera Olbricht
Zeichnungen: Nomade Design, Berlin
Gestaltung und Layout: Berliner Buchwerkstatt, Ulrike Sindlinger
Gesamtherstellung: Urania Verlag
Printed in Slovakia

Gedruckt auf alterungsbeständigem Papier mit chlorfrei gebleichtem Zellstoff.
Die Schreibweise entspricht den Regeln der neuen Rechtschreibung.